おちまさとプロデュース

企画の教科書

「おちまさとプロデュース　企画の教科書」をつくる会・編

NHK出版

まえがき

“企画　おちまさと”。

テレビ番組の最後に流れるスタッフロールに、こんな表記を見ると思います。

そう、僕の仕事は『企画』なのです。今どきでは、プロデュースとも言いますが、どうも分かりづらい職種かもしれません。

ときにはバラエティー、ときにはドラマ、そしてラジオ、CD、服飾、本、雑誌、イベント、講演、企業改革とジャンルを問わず企画を出し続ける仕事なのです。

とはいえ、何も特別な仕事ではありません。みなさんもそれぞれの会社で、日常的に「おい、明日までに企画書出せ」と言われていることでしょう。きっと立場としては、ほぼ同じなのではないでしょうか。

しかし、『企画』という言葉は、定義が広すぎます。“企画家”の端くれとして、あらためて考えてみても、「こういうもんだ！」という明確な定義もありませんし、どうしたら企画を立てられるかも分かりにくいものです。

どんな会社に行ってもどんな仕事に就いても、企画は常につきまとうモノなのに……。

ですから僕は、ずっと疑問に思っていたのです。

「何で、義務教育で“企画”という必須科目がなかったのか？」と。

こんなに社会人にとって大事なファクターなのに。

学校の必須科目は

「国語・算数・理科・“企画”」であるべきなのです

（これは“社会科”がいらないということではなく、単なる語呂です）。

そこで僕は、思いました。企画という科目の“企画の教科書”があったら、素晴らしいことじゃないかな、と。

でも、そんな教科書は実際に存在していません。だったら、自分でつくってしまおう。だって、他の教科より、生きていくには企画力が一番必要なんだもん。

それは“企画家”の僕が骨身に染みて分かっていることなのです。

だけど、実際に“企画”という言葉はホント、難しそうで、取っつきにくくて、分かりにくいものです。

それより、僕にとっては、「企《くわだ》て」とか「企《たくら》み」と言ったほうがなぜかワクワクしてきます。

僕は今までさまざまな企てや企みを実行してきました。

本書では、そこで学んだたくさんのヒントをまとめたつもりです。

職業病なのか、僕はいつもこんな疑問を自分にぶつけています。

「じゃあ、最強の企画とは一体何なのか？」

今、僕が思っているその答えは、

“人間”と“人生”です。

“人間”という企画は、非常に精密で、壮大なスケールの企画です。

この世の中には大勢の男と女がいて、そしてみんな生まれた瞬間に、死までのカウントダウンを開始する仕組みです。他にもさまざまなルールがあり、さらに、時代に応じてルールも追加されます。

“人間”という企画は光と陰に彩られた、すべてにおいて「すげー企画」なのです。

“人間は神が考えた最強の企画”

ということができるのです。

また、人間個々の姿を見れば、“人生も最強の企画”です。

自分が考えたヴィジョンに自分を挑ませて、“この後、一体、どうなってしまうのか!?”と、常に謎を提示し続ける。誰にもエンディングが見えない“壮大な実験”でもあるわけです。

これはどんな人だって同じです。例えば誰かの一生をカメラで撮り続けていれば、それはもう、十分すぎるほどの企画なのです。

だから、人間はそれぞれ、実は企画家であり、それを実行している企画の実践者です。

この人生という、“自分で考えて、自分で実行する最強の企画”だけは、誰しもうまくいってほしいと願っています。

もちろん、僕もそうなりたいと思っています。

僕は、現在、“おちまさとは企画家・プロデューサーとして生きていけるのか!?”という、自ら考えた企画に自ら挑み、実験をしている最中です。

今、これを立ち読みしているあなたも、何か絶対、あなたが考えてあなたが主人公の企画に、挑んでいる最中なのです。

そう考えれば、企画を考えることや「企画書を出せ」なんて言葉は、もう恐くもなんともありません。なぜなら、もうすでに最強の企画に自ら挑んでいるわけですから。

本書を読み終えたとき、

「そうだ、企画なんて、簡単なことだったんだ」と思い、さらに、「だからこそ、奥が深いんだ」と次なる企てを企んでいただけたら幸いです。

企てを企む？ 日本語、変だな。

そんなとこで引っ掛かっていたら、企画は生まれない。

おちまさと

CONTENTS 1

CONTENTS 2

本書の使い方

本書は、企画立案に対する基礎的な姿勢から、具体的なノウハウ、そして企画会議を有利に進める方法まで、企画に関するすべてを網羅しています。しかも、目指しているのは、常にベストワンの大ヒット企画です。ぬるい企画は「単なる思いつき」でしかない、と断じちゃっています。

しかし、決して敷居は高くありません。万人に向けて書かれ、誰もが実現可能なトライアルの集大成なのです。

その上、本書は恋愛指南書としても活用でき、人生訓すら内包しています。使い勝手200%、前代未聞の“企画の教科書”なのです。

気になった章から読んでくださって構いません。でも、最初から順を追って読んでくだされば、アナタの企画はいつのまにか実現されていることでしょう。

ページ構成

五月女イラスト

イラストレーター五月女ケイ子による、高濃度な作品を配した。彼女は本文を読まずに、イメージだけで描くといった大事業に挑戦。心地よいピントの外し方を堪能せよ。本書の隠れたお楽しみゾーン。

>>Ex.

本文に則した具体例を、おちまさとの専門分野であるテレビ番組を例に抽出。未視聴の読者のために、いくつかの番組は各章の終わりに「番組解体新書」と題し、あらためて番組の成り立ちを解体、収録した。

{註}

本文からキーワードを抽出。通常の説明や、ひねった解釈を欄外に記した。

>>P.●●

関連事項のあるページを記載。それぞれが密接に関係していて、現ページに中指を入れて、指示のあるページを開いていただきたい。

練習問題

項目ごとの理解力を確認するために用意した。一見おふざけのようだが、あらためて考えると一瞬躊躇するコトばかり。是非トライしていただきたい。

第1章_企画が溢れる“企画脳”をつくる

無から生み出す「企画」は、そう簡単にはつくれないモノ。しかし、実は企画立案のとっかかりにはコツが存在します。それさえつかめば、企画立案は特殊な才能ではないのです。日々の物事に対するスタンスや、ちょっとした思考方法。簡単なようで複雑、難しいようで単純。この章では、企画がボロボロ生まれてくる、“企画脳”をつくるための最初の一歩を、順を追って厳しく、優しく、解説していきましょう。

1 第1章

企画を立てる前に～心構え

常にヒットを飛ばせる天才異才なんて、この世に何人いるものでしょう？
きっと「どうしたら企画が立てられるか分からない」という人のほうが圧倒的に多いはずです。
今まで企画立案に縁のなかった人も、
会議の締め切りギリギリで切羽詰まった人も、まずは先を急がずに、
企画という“最終形”を見据えながら、物事のとらえ方、考え方を検討してみましょう。
それは、企画づくりにおいて有意義なステップになるはずです。

まず、自分の“背骨”を見つけよう

第１章・1・a

企画、という枠に縛られずに考えてほしいのですが、あなたのやりたいことって何でしょうか？「何となく、柔らかいモノが好き」という感覚的なモノでもいいですし、人生の目的や「こういう自分になりたい」という理想でもいいのです。漠然とでも、何かしらの方向性が必ずあるはずです。

それさえあれば、企画の第一歩はクリアしたも同然です。誰しもが持っているその「やりたい方向性」から、“背骨”が生まれてくるからです。

｛背骨｝

「自分のやりたい方向性」から見えてくる、文字通り企画の「背骨」。上司から「お前って何をしにこの会社に入ったの？」の答え。

背骨とは、他人には侵すことのできない、企画における自分の聖域のことです。どんな局面が訪れても、ぐにゃぐにゃしないですっと立っていられる、あなたらしさの「芯」だといえるでしょう。「誠実さだけは何

背骨がない人は軟体動物のよう

があっても曲げたくない」「人を笑わせるためには手間暇を惜しまない」。そんな背骨があることで、初めて「自分らしい企画」が生まれるのです。

もう少し具体的にお話ししましょう。背骨とは、「人のためになるモノをつくる」や「エコロジーに徹底的にこだわる」などといった、揺るぎない姿勢を形づくるものです。「オレはくだらないことしかやらない」や「今の社会のシステムを全部否定するの！」というような、一見妙なモノでもいいのです。とにかく、堂々と胸を張って言える主張には背骨が通っていますし、その背骨を持つこと自体が大事なのです。

背骨があれば、そこから出てくる企画には、必ず企画者のカラーがにじみ出ます。(>>Ex.1)

例えば「エコロジーにこだわる」を背骨にしているとしましょう。そこにこだわるなら、どんな企業に所属

>>Ex.1

おちの企画には「心に残るモノが見たい」という背骨がある。人に「制限」を加え、それを乗り越えようと必死になる姿は、必ず心に残るはずだ、と判断。そこで、予算が10万円だけ、製作時間が3時間、5時間以内に１００万円使う……などなどの特異な制限が生み出された。「心に残るモノが見たい」を背骨に、それを実現する共通項として浮かび上がってくるものが「制限による火事場の馬鹿力」というカラーになっている。

{ カラー }

出現する現象がバラバラに見えても、背骨がしっかりしていれば、企画者のカラーが生まれてくる。「金持ちになりたい！」という背骨があれば、ラブホテルと予備校を同時に経営していても、そこにはカラーがきちんと存在する。

しても、必ずエコロジーに留意した企画が思いつくはずです。その背骨から出発すれば、リサイクルや低コストを切り口とした企画を立案し、それが結果的に企業の利潤追求とマッチするかもしれません。そしてその企画は、あなたのカラーが出ている企画になっているのです。これこそが、企画の中で最も重要なポイントなのです。

カラーが自然に出てくる、と言われてもピンとこないかもしれません。しかしどんなことを考えついても、その企画は、“自分フィルター”（>>P.32）を通過して出てきたモノ。必ず自分の色が付いてるのです。自信を持って、まずは背骨を探してみてください。

人は必ず、何かしらすごいモノを持っています。普段は意識しないそういう“何か”は、形にすることはとても難しいのです。背骨はその“何か”が飛び出すための、源泉になるのです。

【企業の利潤追求】

必ずしも会社の「利潤」を追求する必要はないが、「利益」は求めなくてはならない。それが、会社員たるものの義務だから。エコ作戦や文化活動は、会社に直接の利潤はもたらさないかもしれないが、イメージアップという利益を後でもたらす。

● 企画を貫く背骨

自分のやりたいことが、自分の背骨を中核として、企画へと収約されていく

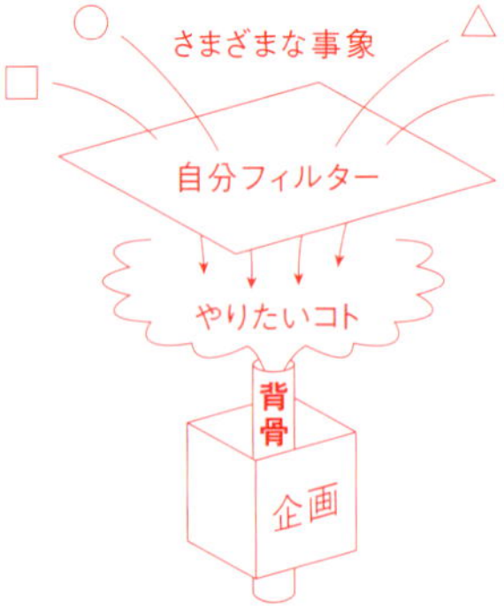

練習問題

Q1. 自分の「背骨」が何であるか、述べなさい。

「なにくそ!」のポジティブシンキング

第1章・1・b

筋肉モリモリのためには努力もまた楽しいモノ

ずいぶんと胡散《うさん》臭く聞こえる、このポジティブシンキングという言葉。しかし、これも企画には大事な心構えです。

企画を立てる立場になったとき、あなたは“やらされている感覚”になってはいないでしょうか? もしも上司から「明日までに」「斬新さを持った」などの縛りとともに企画提出を求められたとしましょう。そんな最初に与えられた材料を、ネガティブに受け取るか、ポジティブに受け取るかで、良い企画の出現率が大きく変わってくるのです。

いたずらっ子が一番楽しそうな表情をするのは、

{ポジティブシンキング}

何事も建設的にとらえたほうが、結局は自分が得をする。ただし、楽観的ではないので注意が必要!

次のいたずらを考えている瞬間です。企画を考えること自体をポジティブに楽しめれば、きっとあなたもあの「楽しそうな笑顔」になっているはずです。考え出すこと自体を楽しむために、ポジティブシンキングが大事なのです。

考えてもみてください。このご時世、希望する職種に就いてもなかなか企画の仕事などやらせてもらえないもの。それが日本社会独特の「壁」なのですが、そんな状況でも企画を出せ、と言われるのは幸せなことなのです。

「これはオレにとってのチャンスだ、ラッキー♪」くらいのポジティブシンキングを持ちましょう。

そんなに能天気にありがたがれないという向きに、オススメのキーワードが「なにくそ!」です。ここでヘコまされてたまるか、と多少けんか腰でも構いませんので、いったん強気に出てください。とりあえず、ネガティブにならないことが肝心なのですから。

ネガティブだと、どうなってしまうのでしょう?「うわっ、予算が少ないな!」という感想が、いつのまにか「こんな予算でできるかよ」になり、「あそこの会社はイイよな予算があって、何でもできて」などと、他の立場を羨み始めてしまいます。そうなるともうオシマイです。出てくる企画出てくる企画が「あそこの会社なら実行できたはずの企画」の縮小バージョンにしかならないからです。予算がないから自分の裁量で企画が

{ なにくそ! }

この言葉、響きは悪いが過去にあった悔しい思いを反映している、リアルな言葉である。リアルだからこそ、自分を発憤させる原動力になる。誰しも、苦い過去のひとつやふたつはあるはずだ。しかし、その過去にあった出来事こそが、裏を返せば新しい企画への糸口ともなる財産。イヤな過去を封印せず、まるでマゾヒストのように何度も思い返し、ポジティブな方向性に熟成するまで味わう。「なにくそ!」が、ただの悔し紛れの捨て台詞にならぬよう、注意したいものだ。

出せるし、実験的なこともできる。そんなふうに考えるところから、すべては始まります。

さらに、けんか腰にならず、ナチュラルでポジティブな「なにくそ！」が出るようになれば万全です。(>>Ex.2)

おちまさと初の総合プロデュース『東京恋人』

あなたは、これからも力一杯ヘマをすることでしょう。そのとき、腹の中では「なにくそ！」と思いつつも、きちんと自分の失敗を笑いましょう。

「あのとき部長に企画を確認してもらわなかったお陰で、納期前に3日徹夜したもんなあ」と、笑ってみましょう。笑えないのは、心のどこかでその失敗を認めていないからです。「部長が気を利かせて確認すればよかったんだよ」と、人のせいにしていると、同じ失敗を繰り返してしまいます。そういう人は、この先もずーっと、しなくてもいい徹夜を続けて、仕事の下手な人、と烙印を押されるのです。

笑える、という精神状態がネクストの何かを生み出す原動力にもなるのですから。

>>Ex.2 『東京恋人』　深夜番組のため、最初から予算が限られていた。それをマイナスの要因だととらえず「なにくそ、逆手に取ってやる」という気持ちから、定点観測するという番組のスタイルにした。

練習問題

Q1. 入社以来最大の失敗を挙げなさい。

Q2. 1をきちんと笑い話にできるか、確認しなさい。

リスペクトを忘れない

第１章・1・C

企画対象に対してリスペクトする、ということも、とても有効なスタンスです。特に、企画の前提条件が先に決まっている場合などに、効果的だといえるでしょう。

例えば、もし経費削減の企画を求められたとしましょう。そんなときは、「削減したら、500万円も浮くなんてすげえ！」から入ります。「500万円浮かせられる底力がこの会社にはあるんだ、すげえ！」から入ることが大事なのです。（>>Ex.3）

リスペクトから入らないと、いつのまにか企画の条件自体を、否定的に評価し始めてしまうのです。その上、自分の気に入らない部分だけを見て、全体が

{リスペクト}

「尊敬」「敬意」。ミュージシャンが「〜に影響をうけている」の意味で使っていたのが一般化。「尊敬」という言葉を使ったことがない若者も、この言葉は使う。例：「俺ら、もっと老人をリスペクトしなきゃ」

>>Ex.3

『24人の加藤あい』は、キャストは加藤あい、と先に決まっていた。ドラマやCMなどを見て、徹底的に研究。すると、見るたびに別人のように顔が変わることに気が付く。だったら、とにかくいろんな彼女の魅力を引き出してあげよう、そう考えた。「加藤あいってすげえよ！」というリスペクトから入ったのだ。

24人のクリエイターが描いた『24人の加藤あい』

分かったように思いこんでしまうのです。「削減しないとやってられないのかよ」なんて思い始めると、「そもそも経営陣の体質がさあ」とか、思考が自分ではどうしようもないほうに転がって、果ては日本の行く末に思いを馳せてしまいます。それもいいのですが（>>P.46 シミュレーション癖）、経費削減の企画を求められているのですから、今日のところは勘弁してください。

物事には必ず、今の自分に見えていない良い部分があるハズです。その部分をリスペクトする姿勢で見つけられれば、そこから企画の新しい側面が見えてくるものです。

「我が社のシステムはあまりにも旧態依然だ！」と思っても、調べてみれば、そのシステムが完成した頃には先鋭的だったという事実が見つかるかもしれません。そうだとしたら、当時その先鋭的なモノを導入する気概があった会社なのだ、ということが分かります。あるいは、古いシステムを使うための細かな工夫があちこちに見受けられるのであれば、どこかのセクションにはそういうアイディアマンが存在する、ということも分かります。そういう事実を知っているということは、次に何かの企画を立案するときに、大いに役立つはずなのです。

今と違った、あるいは人と違った視点から物事を見るためにも、リスペクトはとても効果的な考え方なのです。

｛良い部分｝

人間関係においても重要。初対面の相手をまず敵と認識するのは、野生動物かチンピラだけ。たとえ相手が彼女を寝取った友人にそっくりでも、まずはニッコリ微笑んで相手をリスペクト。

相手や対象物をリスペクトすることと同時に、自分の仕事もリスペクトしなくてはいけません。さあ、試しに言ってみてください。「イエイ！　オレ、100万本単位で出荷される缶コーヒーの企画立てるんだぜ！」「これってスゲーことなんじゃん!?」と。

自分の仕事に潜む、評価されるべき側面にスポットライトを当ててみるのです。リスペクトは観察と評価です。「愚痴」の180度逆に位置するスタンスだといえるでしょう。あなたが上司だとしたら、愚痴っぽい部下に仕事を任せたいと思いますか？

{スゲーこと}

素直な気持ちでスゲーと思えれば、その裏側にある今まで気が付かなかった仕組みにも興味が湧いてくるハズ。それが知識欲にも連動して、結果的に自分への投資になる。駅前に留学するよりリスペクト。

コーヒー大好き!

練習問題

Q1. 自分が今担当しているプロジェクトの前提条件を3つ挙げて、それをリスペクトしなさい。

Q2. 自分の仕事を、改めてリスペクトしなさい。

優先順位というものさし—考え方

第1章·1·d

仕事が下手だ、と評価されてしまう人の大半は、優先順位のつけ方が下手な人です。それは企画を考えるときにも同じことがいえます。

会社絡みでちょっとしたパーティーに招かれた、としましょう。そのときの優先順位は何ですか？ 普段は滅多に食べないホテルの美味しいご飯を食べることですか？ それよりも、知己《ちき》を広げたり、情報を収集することのほうが優先順位の上にくるでしょう。

「パーティーに招かれた」という受身的な状況だけが優先順位を決定するわけではありません。仕事全般に関してもそうです。一流といわれる人たちは「ギャラを貰うのは仕事だから当然。問題は、その仕事を通して何を学べるか、得られるか」という姿勢で仕事選びをしています。仕事をした上で、さらに何かを得る。自分なりの優先順位があり、そしてとてもどん欲にそれを実行しているのです。

優先順位をつけるというのは、作業や気持ちを楽なほうに流さず、自分にとって何が大事なのかを正確に確定することです。そこに「だから今はこれをするんだ！」という行動が伴わなければなりません。優先順位とは、能動的な“行動のものさし”なのです。

{ パーティー }

成功した企業のトップたちは、パーティー会場では必ず精力的に動き回っている。彼らは情報の交換と人脈の大事さを知っており、パーティーをその活動場所と決めているから。もし、自社の社長が葉巻を片手にガハハと笑って美女の腰に手を回しているようなら、今すぐ辞表を叩きつけることをオススメ。

{ 優先順位をつける }

2位以下のことを後回しにする言い訳に使う人が多いが、それは間違い。

優先順位というものさし──企画に反映

第1章・1・e

では、実際に優先順位をつけてみましょう。

まず、企画者のやりたいことが、イコール良い企画だというわけではないことを念頭に置くことにしましょう。でも、自分がやりたいことをやらなければ、企画を立ち上げる楽しみはありません。この兼ね合いはとても難しいところです。

しかし、その難しさも明確な優先順位をつけることでクリアできるモノなのです。

もし、ある缶コーヒーの「シェアを倍に伸ばす企画」が求められているのなら、まずはそれを優先順位の第1位にしなくてはいけません。その上で、あなたのどうしても「やりたいこと」、例えば「画期的なドリップ方法を発明したことを伝える」のは、2位ないし3位くらいに据えておくのです。(>>Ex.4)

{「やりたいこと」＝良い企画}

「やりたいこと」だけを前面に押し出していくと、「そんなの欲しいのはお前だけだよ！」と企画者のマスターベーションになりかねない。要注意！

● 新発売缶コーヒーの販売戦略の優先順位

「やりたいこと」と「やらなければならないこと」を、バランスよく並べよう

1位	シェアを倍に伸ばす
2位	画期的なドリップ方法の説明
3位	経費を抑える
4位	斬新なカラーリング
5位	女性層を取り込む

やらなければならないこと

やりたいこと

「洋服バトル」番組だった『仕立屋工場』

ここで、「やりたいこと」を第1位に置いて、ダイレクトに「このドリップ方法はこんなにスゴイ！」というようなCMを打っても、消費者にはきちんと伝わりにくい上に、当然シェアも伸びません。それよりは、画期的なドリップ方法を優先順位の2位にしておいて、まずはその結果生まれた「口当たりの良さ」や「冷めても酸っぱくなりにくい」を消費者に分かりやすくうたい、シェアを広げることを第一に考えるべきなのです。

つまり、優先順位2位の「やりたいこと」を、1位の「シェア倍増」に“合う形に加工する”わけです。

もちろん、やりたいこともやらなければいけないことも複数存在し、複雑に絡み合っているのが現実です。優先順位をつければ、そこには4位もあるし5位もあります。それは「女性層を取り込みたい」「今までの缶コーヒーになかった斬新なカラーリングでデザインしたい」「研究費にお金がかかりすぎたから経費は抑える」、というようなことでしょう。

しかし、優先順位づけとは、2位以下を切り捨てることではありませんから、それらを「順位づけした上」で、すべてを盛り込む心意気が肝心です。

「経費を抑える」は、必須項目だから3位にして、缶

>>Ex.4

『仕立屋工場』　洋服の番組をつくりたかった。しかし、単にファッション・ショーを流す番組ではダメだし、それでは企画者がおちまさとである必要はない。そこで出てきたのが、他の要素（バトル）の入ったスタイル。番組の中では、洋服の優先順位&重要度は非常に高かったが、それをどう料理し視聴率をとるかということを、1位にすることで、洋服を見せることだけにこだわらず、視聴者を飽きさせない工夫をふんだんに入れた。当初の目的である「洋服の番組をつくりたい」という企画者の希望を叶えたという点では大いに満足だった。

空腹を満たすのが先か？ それとも、ミスを謝るのが先か？ 優先順位をつけよう

の形に凝らないようにしよう。でもその分「斬新なカラーリング」を4位にして上司の承認を得よう。5位に据える「女性層を取り込む」をクリアするために、その斬新さは女性に好まれるポップでレトロな方向にして……。このように、「やらなければならない」ことと「やりたいこと」をきちんと整理して、優先順位づけてみましょう。

{「整理」と「優先順位づけ」

このふたつは、実はまったくの別物。「整理」とはひとつひとつの事柄を明確に区分することで、「優先順位づけ」はそれらの事柄に対しての能動作業。整理しただけで安心してしまうのは、スケジュールを立てて安心してしまう小学生と同じ。

その上、この優先順位には素晴らしい効果があります。いろいろな人が、発売後の缶コーヒーについて「ここがイイんだよね」と言ってくれることでしょう。それは必ずしも企画者が前面に出した1位の部分だとは限らず、4位の部分だったりします。

つまり、多層的に見える企画、さまざまな側面がある企画は、より多くの人が心地よく受け取ってくれる、というナイスなオマケもある、ということなのです。

また、“自分のこだわり”をどうしても優先順位1位に置きたいとき、2位以下にズラリと、「しなければならないこと」や「受け入れられやすいこと」を並べるという多少ズルい上級テクニックもあります。でも、そのズルさは、社内で企画を判断する人や消費者に対するサービス（>>P.128）になるので、OKなのです。

“こだわり”を泣く泣く下位にせざるを得ないときもあるでしょう。いつの日にか、違う形でこだわりを表現できるチャンスが巡ってくるまで、そんなサービスをし続けてみる、というのも企画マンとしてのひとつのしのぎ方なのです。

｛サービス｝

企画者が、企画の受け手に対して、常に提供しなくてはならないもの。企画マンはサービスマンと心得るべし。

さらに、企画というのは、往々にして周りの状況などで、せっかく立てた優先順位が急変するものです。

新発売の商品に特殊なパッケージ紙を使う、と決まったとしましょう。発売日を目指し、さまざまな準備を経て、さあ発売、というタイミングでそのパッケージ紙の生産が間に合わないことが分かった、としたら？困った状況ですが、発売日が優先順位の1位なのか、パッケージ紙を含めた商品演出が1位なのか。1位だけを後生大事に抱えることが、優先順位の本当の意味ではないのです。

｛急変｝

サラリーマンに付き物のアクシデント。終電で疲れ切っている人の大半は、誰かの都合で起きた「急変」の被害者。マメなリスクヘッジを。

練習問題

Q1. 今担当しているプロジェクトで「やりたいこと」と「やらなければならないこと」を3つずつ挙げなさい。

Q2. 1の6つに優先順位をつけ、なぜその順位になるか理由を述べなさい。

初期設定に立ち返る

第１章·1·f

忘れがちなのが、「そもそも自分が何をやりたかったのか」ということです。これを忘れてしまっては、企画に関するすべてのシーンで失敗をしてしまうでしょう。

「自分はそもそも、どうしてこの企画をやりたかったのか。なぜ立案したのか」。それを常に忘れないようにしましょう。

企画を煮詰めていく経過で、どんどん話が転がっていき、出てくるアイディアに酔ってしまうことがよくあります。『企画の教科書』という本の企画だったのに、いつのまにか「ヒットの法則なんて、いいよね？」になってしまう、といった具合です。

そうすると、「最初から練り直し」だし、最悪の場合「非常に中途半端なモノの誕生」となってしまいます。

自分の意志で「そもそも」、つまり初期設定に立ち戻ることができるかどうか。それができれば、最終的には完成度が上がることにも繋がります。頭の回転の速い人こそ、このことを忘れてはいけません。

｛初期設定｝

企画もパソコンも、何かおかしいなと思ったら、初期設定に戻してみること。

紙とペンを捨てよ、街に出よ

第1章・1・g

6畳間の世界観などぶち破れ！

「何でもイイから企画を出せ」と言われた場合、若い人に限ってすぐに「灰皿が……」とか「コーヒーカップに……」とか、目の前にあるモノをネタにしようとする傾向があります。それは、自分の生活をする6畳間の世界観が無意識に染み付いていて、そこから脱却できないでいるからなのです。ですから、6畳間から脱却するためのトレーニングが重要となってきます。

{ 6畳間の世界観 }

自分が実感できることだけで構成されている、狭い世界を基準にした価値観。見回したところで新たな発見などない。

机の前に座って白い紙を前にし、ただただ唸っているだけでは企画は生まれません。いくら企画が頭の中から生まれるのだとしても、白い紙をにらんだま

カフェの中でも人の声を聞け！

まで企画が出てくるほど、あなたの頭の中はまだ企画案で溢れているわけではないでしょう。

ですから、時間がなければないほど、街に出ることが大事です。街角で電車の中で映画館で喫茶店で、何かしら「これは!?」と不思議に思ったり、妙に引っかかるような光景に出会えるはずです。

それがどんなにくだらない拾いモノであってもいいのです。

{ 街角で…… }

とにかく自分の身をどこか「他者と触れあう場所」に置くこと。落ち着くからといって、河原などでたそがれてはダメ。川面に石を投げ始めたら、企画立案は断念するしかない。頭に刺激を与えるためには、多少うるさいくらいの場所のほうが適している。

例えば、カフェの隣のテーブルで、どこかの会社員たちが世間話をしていて「オレ、来週ダイナマイト休暇取るぜ」。何だ、ダイナマイト休暇って？　しかも、同席してたヤツらは、その台詞をさも当然のことのように受け止めている。そこでさらに耳をそばだてると、ダイナマイト休暇とは、仕事の流れに関係なくドカンと休暇を取ることらしい、ということが分かる……。

確かにバカバカしいフレーズです。そのまま企画に役立つとは思えません。でも、彼らの会社だけで流行っているそういう極小流行語から、彼らのリアルな生活が見えてくるはずなのです。

「なかなか休暇が取れない仕事」「だからまとまった休みを取ろうとするとダイナマイトのような破壊力が生まれる」「きっと、周りのことを省みず、休暇を取った人がいたのだろう」「迷惑だなあ、というイメージも付加されてるんだろう」などなど。“ダイナマイト休暇”というフレーズから想像できること、推測できることは、それこそ無尽蔵にあるのです。

{推測}

疑問と回答がワンセットになって、初めて推測と言える。「休暇取れるかなあ、でも課長うるさいし、でも休みたいわ」では、単なる堂々巡り。無駄な考えと推測の間にある確固たる違いに気が付くべき。

そこから「彼の休暇取得で誰が一番怒るんだろう？」「どうやったら気持ちよく休暇を認めさせられるかなあ」「休暇明けの出勤の朝に限って遅刻したらどうしよう」と、妙なシミュレーションに走っても構いません。それが企画を思いつく発端になるのです。(>>P.46 シミュレーション癖)

ほら、企画のとっかかりが見えてきたでしょう？

練習問題

Q1. 近くのカフェで人の話に耳を傾け、気になるフレーズを抽出しなさい。

Q2. 電車の中で向かいに座っている人の生い立ちに思いを馳せなさい。

自分フィルターとは

第１章・1・h

ここまでで、みなさんの脳髄は、かなり企画をひねり出す構造になっていることと思います。

企画を出す上で（脊椎動物としても）大事な背骨をつくり、リスペクトする姿勢や優先順位、初期設定に立ち返るなど、企画立案に（社会人としても）不可欠な考え方を修得できたはずです。それでは、そこから具体的にあなたが得られるモノとは何でしょう？

それは“自分フィルター”です。これは、身の回りで起こるすべての出来事や、ふと思いつくちょっとしたアイディアを、自分らしい企画に変換するための、大事なフィルターのことです。

{ 自分フィルター

世の中のさまざまなことを自分に取り入れる際に通過するフィルター。通過したものには自分のカラーがついてくる。なにがそのフィルターを通過するかわからないので、片っ端から面白がってみよ。

● 自分フィルター

自分フィルターを機能させて、いろいろなものごとを自分流に取り入れよう

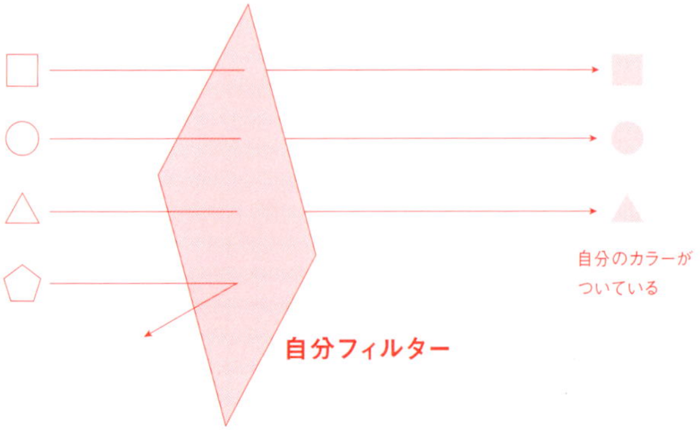

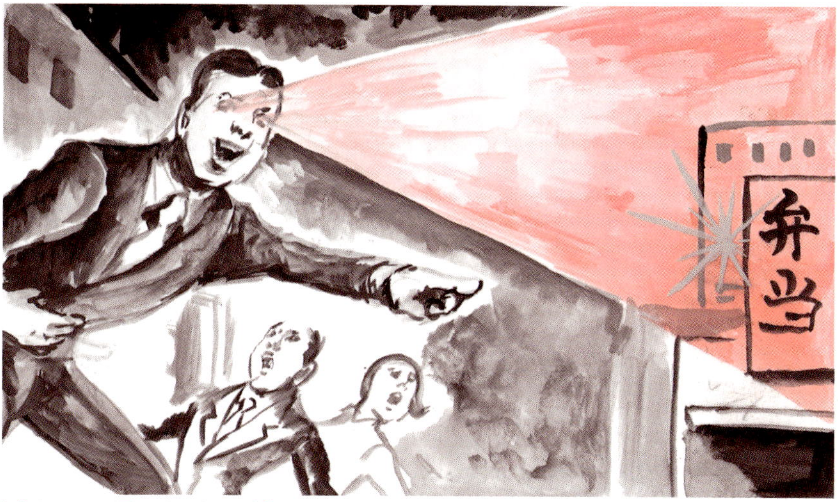

自分だけにおかしく見えるものがあるはず。「うわっ、弁当屋だあ！」

“隣のテーブルの何気ない会話”や、目にする“ふと気になった小さな事件”。“同僚の愚痴”から“酔っ払いオヤジのお気に入りフレーズ”まで、それをどう面白く感じたかは、人それぞれなのです。少しでも「面白いぞ、コレ！」と感じたら、それこそが自分フィルターが機能している状態なのです。

鈍感が悪いとは言いません。鈍感だからこそ乗り切れる世間の荒波もあるでしょう。ええ、あるでしょう。

でも、みなさんは企画立案者になるべく茨の道を踏み出したわけです。目に触れる、耳に入るすべてのことを鋭敏に自分フィルターを通して、面白がってみてください。そこから“企画脳力”が培われるハズなのです。

｛企画脳力｝

もちろん造語。「能力」は天賦の才能にも通じるが、「脳力」は考え方の道筋をシステマティックに磨き上げて手に入れる、力のイメージ。

2 第１章 企画の準備体操

企画を考える上で正しい目と耳と脳の持ち方を修得したあなたには、
次のステップとして、企画に直結しやすい“日常での身の処し方”についてお話ししましょう。
企画をひねり出すための準備体操、と言ってもいいかもしれません。
日頃からきっちりとこなしておけば、いざというときに困らない。
そんな、企画脳をブラッシュアップするイメージです。

無駄な時間なんてない！

第１章·2·a

いくらポジティブに思考を持っていこうとしても、実際今、リアルタイムで起きているアクシデントは、湧き上がってくる感情に流されてしまい、冷静に対処できないものです。

ポカンと空いてしまった暇な時間、無駄に見える時間こそ、「ちっ、無駄だなぁ、この時間」「いい加減にしてくれよ、まったく！」と感情に流されず、積極的にポジティブ化する価値があるのです。

恋人の買い物に付き合って、試着している彼女に20分待たされるとしましょう。そこで「何だよ、ダリぃなー」では何も始まりません。「この20分、無駄にはしねーぞ」と思うことで、何かが見えてくるはずです。おちまさとが『仕立屋工場』で試着禁止のルールを思いついたのも、嬉々として何十着も試着をする彼女の姿を見ながら「ここで試着しちゃダメって言われた

｛ルール｝

おちまさとの番組に共通するカラー。「ルールで縛った後の、火事場の馬鹿力が見たい」がおちの口癖。

ら、彼女はもっと悩むんだろうなあ」と、思ったことがきっかけだったのです。

どんな目に遭っても、その場その場で、「タダじゃ起きないぜ！　何かをつかんでやる」という考え方を持つ姿勢が大事です。

辛《つら》い状況にいるときは、つまり「辛い状況を学ぶ学校」の授業を受けているんだ、くらいの気持ちの切り替えをすることです。

｛辛い状況｝

人は自分のことを悲劇の主人公にしてしまいがち。「こんな辛い目に遭った私って可哀想」と。そこに酔うと、脳の機能は停止する。

かといって、その場その場で何でも受け入れるだけでは能がありません。考えるスタンスがポジティブなら、否定形での思いつきもオッケーなのです。

100万円を最大限に利用した『百萬男』

それはつまり「みんなは今ここでこう考えるのが当然だと思っているけど、こういうのもいいんじゃない？」というスタンスです。始めから「こうじゃなきゃダメだ」「これはこの部分がダメだ」と、目の前のことをネガティブに否定しないことがコツです。

それもありだけど、こっちだってアリ。そんな、バイパス的な考え方ができるように、頭を柔軟にしておきましょう。(>>Ex.5)

>>Ex.5

『百萬男』　素人の挑戦者が登場するゲーム性のある番組では、その挑戦者に感情移入させて「失敗したら一緒に残念がる」ことが王道だった。が、明らかに作戦ミスを後悔するようなナレーションを挑戦者自身が語ることで、視聴者は批評的な目で見つつも楽しめる、という「こっちもあり」の新しい形を提案した。

顔の広いヤツになる

第1章・2・b

“企画脳”を活性化させるためには、いろんなところに顔を出す、という行為も必要です。

同じ時速50㎞で走っていても、パワーめいっぱいの原チャリでの50㎞と、メーターに300㎞以上の目盛りのあるフェラーリに乗って出す50㎞とでは、余裕が違います。余裕があれば周りを見渡して状況を冷静に判断することもできますし、何かアクシデントがあったときにそれを回避する余力もあるわけです。

つまり、知っている世界の分量が違うと、見える世界も違ってくる、ということなのです。

企画は、「他の人には見えない（気が付かない）世界」を見ることができるかどうかで、その優劣が決ま

{ 原チャリでの50km }

原チャリに乗っていると、歩行者や自転車が危なっかしく見える。同様に、車に乗ると原チャリが危なく見える。先んじて危険を回避できる運動性が肝心。
>>P.29 6畳間の世界観

やっぱり原チャリでは、フェラーリに勝てない

おもちゃの殿堂「トイザらス」。企画者としての試金石ともなる？

ります（>>P.73 やられた感）。ですから、この余裕は必要不可欠である、といえるでしょう。

缶コーヒーの企画を立てるなら、缶紅茶の飲み比べから始めてみる。音楽プロデューサーになりたければ、虫について昆虫博士並みの知識を蓄える、くらいの見当違いな勢いでいってみましょう。そうすれば、思わぬ拾いモノが必ずあるはずですし、無意識のうちにつくっていた“思考の限度”が、取り払われるはずです。

普段から違うジャンルの世界に顔を出して、首を突っ込むことが大事です。そしてさまざまなジャンルで顔が広いヤツになっておくことが、実は成功への一番の近道なのです。（>>Ex.6）

やってもいないことを批評するのは、企画者のスタンスとしては最悪です。

>>Ex.6

オモチャの企画を考える予定もないのに、トイザらスで一日楽しく過ごせるかどうか。他ジャンルに「面白さ」を見つけられる感性を磨く。

だから、広義での企画マンだといえる企業のトップなどは、とても勉強家で本当に多くのことを知っているし、知る機会を逃したりしないものです。

企画マンたるもの、他ジャンルへの興味や吸収力、頭の柔軟さだけは超一流企業のトップに負けないモノを持っていたいところです。

同様に、無知は誇りにならない、ということも覚えておきましょう。これは当然のことです。「そんなこと、オレには関係ないことだから知らねえよ」という姿が格好良く見えるのは、子供同士の世界だけです。なぞなぞが分からなくて歯噛みするくらいの知識欲があってこそ、初めて企画マン。自分のいる世界などは、実はちっぽけなものだということを自覚することから始まります。

顔の広いヤツこそ、企画立案のときに底力を発揮するのです。

｛子供同士の世界｝

流行語が子供たちの世代で生み出される理由は、自分を中心に物事を考える結果、他者を無意識に排斥してしまうから。仲間内で完結し、あまり他人を理解しようとはしないので、本当の意味でのクリエイターにはなり得ない。

練習問題

Q1. 今週中に仕事とは関係のない飲み会に参加しなさい。

Q2. 今週中に人に対して語れるウンチクを3つつくりなさい。

同じモノを見ない

第1章・2・C

義務教育の6＋3年と高校の＋3年くらいは、みんな同じような生活をしています。そして、会社に入ったら、今度は同じ会社の社員と同じモノを見ているわけです。そんな環境に甘んじていては、人と違う企画などは立てられないのです。

例えば、会社での飲み会。乾杯の挨拶をする部長を前にして普通の社会人なら、きっと部長の顔を見るでしょう。意識、無意識にかかわらず、特に目上の人間が発言しているときには、その人の顔を見てしまうものですから。でも、そこで“その他大勢”と同じ行動をして、どうするのです？ そんなときこそ、他の人とは同じモノを見ない、という意識が大事です。普段へいこらしている係長がやっぱり大げさにうなずいてる姿でもいいですし、次期部長を狙ってる課長の不敵な微笑み、でもいいですし。部長じゃないところを見て面白いモノを探すことです。これは、同じ時間を過ごしながらも、他の人とは違うモノを見るという訓練です。それこそが重要なのです。

そういう意識がないと、せっかく出した企画もみんなと同じようなモノになり、せっかくの自分フィルターが機能しなくなります。ご注意を。

{その人の顔を見る}

日本の道徳教育では、話している人の顔を見ることが美徳とされている。が、残念ながら、道徳や美徳から企画は生まれてこない。

宴会での部長挨拶などは一瞬の出来事ですが、その時間の累積は膨大なモノになります。

また、見るという具体的な行為だけではなく、見る方向が別、つまりみんなと同じ方向でものを考えない、というのも大事なことです。(>>Ex.7,8)

高い商品を買わせたいなら、どうやったら買ってもらえるかではなく、向こうから「買わせてください」と言わせるためにどうしたらいいかを考える、とか。物事の裏側を見たり、逆方向からのアプローチをする癖をつけておきましょう。

『東京恋人』では、定点カメラから恋人たちの日常を描いた

>>Ex.7 『炎のチャレンジャー』 番組が軌道に乗って、スタッフ会議では30人くらいの人間が「次にはどんなチャレンジをさせよう」と考えているときに、自分は「100万円を貰った後の世界」を考えていた。それが『百萬男』に繋がっていった。

>>Ex.8 『東京恋人』 カメラを手で持って振り回すような映像が流行っていた頃。今カメラが動かない番組を作ったら「そんなのはもう飽きたよ」と言われるだろう。でも、それも悔しい。まったく動かないカメラでも面白いのは何だろう、と考えておちは『東京恋人』を思いついた。

練習問題

Q1. 今自分が常識だと感じることを3つ挙げ、それぞれを逆方向からアプローチしなさい。

話をしている部長ではなく、あくびをするお局さんや鼻くそをほじる課長のほうが面白い

他人に興味を持つ

第1章・2・d

街に出ても、暇な時間にぶつかっても、あんまりピンとくるモノがない、そう感じているのなら、他人に興味を抱くトレーニングをするべきです。

「野次馬根性」「ミーハー」「のぞき趣味」などなど、この国では他人に興味を持つことを良しとしない風潮があるようです。でも、それは自己の興味だけで終わってしまった場合のこと。そこから何かを見いだそうとする意識さえあれば、企画のシッポをつかむ絶好のチャンスとなるのです。

子供は他人に興味がありません。同年代でなければ、すれ違う人の顔さえ見ないでしょう。それは、他人に興味を持つことが、跳ね返って自分の興味を満たすことだと気付いていないからです。ビジネスベースで企画を考えるなら、そんな子供の感覚から脱却

{ 他人に興味を持つ }

書店の売り場ごとに、分布している女性の共通項を見つけてみたり。女性誌の売り場では小綺麗な人が多く、文庫本の売り場には地味系が多い。旅行モノやムックの売り場には、そういう極端な傾向がないな……。そんなことを発見したら、その理由についても考察してみる。そこから新しいビジネスチャンスが生まれるかもしれない。

● 大人と子供の興味の持ち方の違い

大人は他人に興味を持つことがプラスになることを知っている

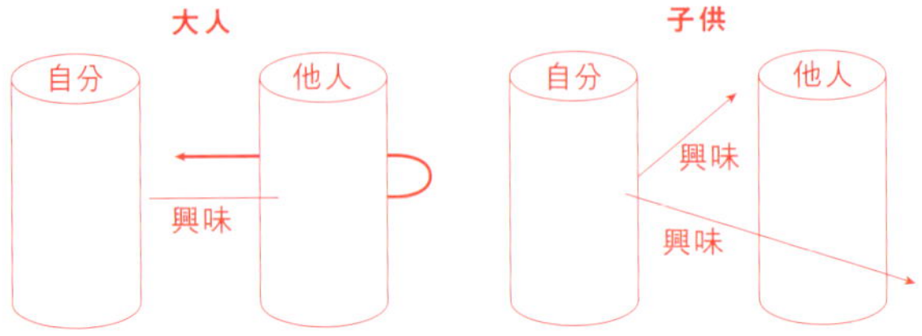

売り場が違うと人も違うぞ

しなければいけません。

ただし、いつも“自分”から離れて“他人”にばかりかまけると、いつのまにか受け売りの考えしか持てなくなってしまいます。誰かの言っていた意見ではなく、常にオンリーワンの意見も大事にしなくては。

もし、確固とした“自分”が見つからないとき。もしかしたら、無意識に存在するリミッターが“こうありたい自分になる”ことを制限しているのかもしれません。なかなかそれを外せない人は、酒を飲んでしまうのも手です。何を本当に求めているのかを、酔った自分が教えてくれることもありますから。

他人と自分との関わり合い方、バランスの取り方を、今一度考えてみましょう。

{ リミッター }

「どうせ自分なんかこの程度の可能性しかないんだ」と卑下してはいけない。すねて可愛いのは5歳まで。

他人カメラを持参する

第１章・2・e

ニュースで長島茂雄が、自宅前でコメントを求められていたとしましょう。そこですかさず、自分の視線を長島茂雄主観にしてみます。家を出たら目の前にテレビカメラがずらーっと並び、わらわらとマイクを突き付けられる。それはどんな光景なのでしょうか？ それを見て、どう感じるんでしょう？

他人が見ている“目線”を意識することによって、いつもとは違った感覚でモノを見ることができるようになります。その人が何を歓び、恐れ、求めているのか。漠然とした感覚だけで他人を想像するよりも、もっと具体的で有効な推測が成り立つハズです。

もちろん、長島茂雄のように、実在する人物だけでなくてもいいのです。実際に「ドン・ペリ」を知らなくても、「ドン・ペリをよく飲んでいる人はどう感じるか」と想像することはできますし。

まずは他人の目線から見たカメラ、他人カメラを持ち歩く気持ちで、いろんな物事を見てみましょう。

{ 他人カメラ }

他人になったつもりで現実を見る場合と、他人になったつもりでその人が見ると思われる光景を想像する場合とがある。

練習問題

Q1. 男性なら女性カメラで、女性なら男性カメラで、オフィスのフロアを眺め、気が付いたことを3つ挙げなさい。

Q2. 社長カメラで自分の仕事を見て、気付いたことを3つ挙げなさい。

ミスター気分でみんなの声援に応えてみたり

とにかくシミュレーション癖

第1章·2·f

常に「こんなことがあったらどうしよう」という、シミュレーション癖をつけるのも、企画脳を鍛えるために有効です。

例えば「街角で老人介護問題についてインタビューされたら、どう答えるか」でもいいですし、「小泉首相の結婚式に招かれたら、どんなスピーチをするか」「アカデミー賞を受賞したときの感動の挨拶」などの、あり得ないシチュエーションだとしても、常に考えてみることです。

小泉首相の結婚式に招かれたら、どこらへんのネタから話を始めよう？ 別に彼と共通項ないしなあ。音楽の趣味も合わないし……。でもまあ、改革路線とあのパーマは評価したいよな。なんだか、違うことやりそうだしさ。やっぱ、イメージ戦略って大事だよな、うん。失敗されても、許せるような相手じゃないと、逆に信頼できないしさあ。よし、まずはパーマの失敗の話からいくか……。

これは完璧に思考のトレーニングであり、“脳味噌の素振り”だといえるでしょう。それほど大きく「得るモノ」はないのかもしれません。でも、小泉＝パーマというイメージが自分の中にあったなんて、改めて考

{ 評価したい }

政治家への感想を聞かれて、すぐに批判的な言葉しか出ないようでは、まだまだその他大勢の意見から脱却できていない。リスペクトの姿勢も忘れずに。頭の中のトンデモ・シミュレーションにすら、そのあたりの脳力研鑽は忘れないこと。本書は註ですら気を抜けない。

えても出てこないことではないでしょうか？　こういうシミュレートは、モノを考える練習には最適なのです。

　結論が出る前に時間が来て、途中で終わってもいいのです。もしかしたら、考えていたスピーチ原稿の中で、次に出そうとしている企画書の中で使えるフレーズが浮かんでくるかもしれないですし。そうなったら、最高にラッキーでしょう？

● あり得ない話をシミュレーションする

前提からできうる限りの方向性を探っていくと、シミュレーション力がつく

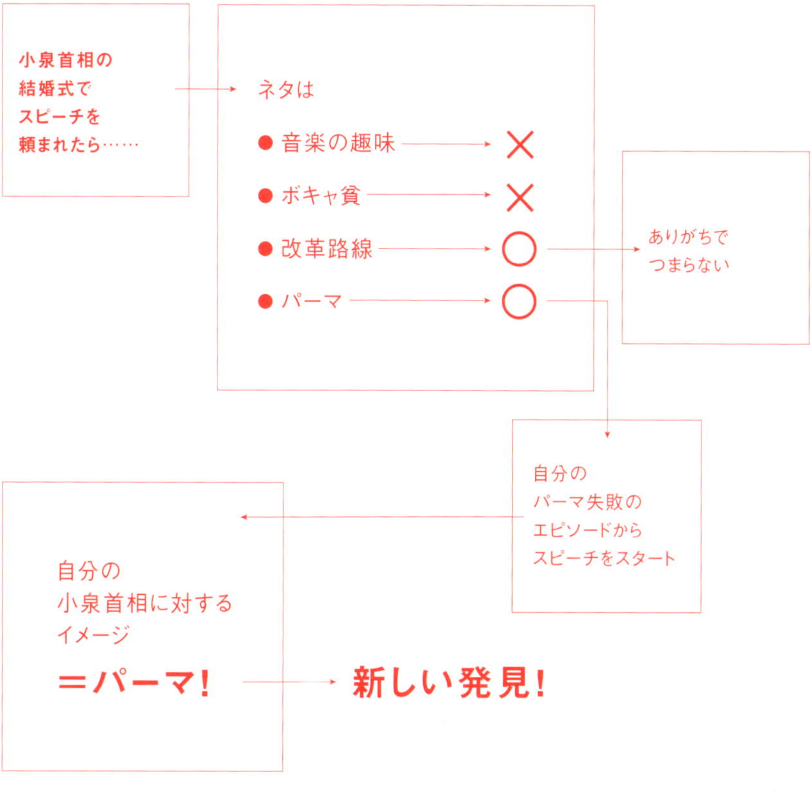
小泉首相の
結婚式で
スピーチを
頼まれたら……
ネタは
● 音楽の趣味
● ボキャ貧
● 改革路線
● パーマ
ありがちで
つまらない
自分の
パーマ失敗の
エピソードから
スピーチをスタート
自分の
小泉首相に対する
イメージ
＝パーマ！
新しい発見！

インタビューやスピーチという「身に降りかかるアクシデント」ではなく、ジャンルを企画に限ったとしても、この考え方は通用します。

「もしもカルティエから販促の仕事を受けたら」「もしも政府から200億円規模の減税案を依頼されたら」と、突拍子もないモノでも構わないんです。常に、面白いことややりたいことの企画は練っておくべきです。何を振られてもどんな企画を依頼されても「あー、はいはい、実はいくつかあってですねえ」と平然としていられる度量がないと、やはりイザというときに「やらされ仕事」になっていってしまうのです。

自分の中にこうした「もしものコーナー」をつくっておくのは大事な作業なのです。

{ 突拍子もないモノ }

自分的なブームがあってもいい。電車の中などでふと物思いにふけるとき、いつも「モー娘。の新メンバー選考委員になったら、どんなヤツを入れよう」と考えていてもいい。その日の体調や、時間帯によって選考基準が変わるかもしれないし、その変化を自分で分析するのもいい。

バッドなシミュレートもやってみましょう。

床屋で散髪されながら「財布を忘れたとしたら、どうやって切り抜けよう」というのはどうでしょう？ 嘘をつき通すか、誠意で口説き倒すか。何を「質草」で置いていったら、いったん家まで戻れるか。そんなふうに、順を追ったチャートにして、頭の中でいろんな状況を検証してみましょう。

この作業は、後々、完成した企画を自分の中で検討するときに有効になってきます。（>>P.91）

普段は考えたくもないバッドな流れを、あえて自分で確認することで、力がつくのです。

{ 口説き倒す }

口説くというのは、相手の身になって物事を考える、ということ。どうしたら心地よくさせてこちらに対して好意を持たせることができるか。シミュレーションをするには最適なお題だといえる。

小泉首相の結婚式でどんなスピーチをする?

アクシデントが起きたとき、「企画的にはラッキーだ！」と思えれば、どんな局面にも対応ができるはずです。そのためには、常に何が起きても驚かないように、シミュレートを行っている必要があるのです。

● バッドなシチュエーションをシミュレーションする
どうやったらこの状況を打開できるかを考えることで、ハプニングに強くなる

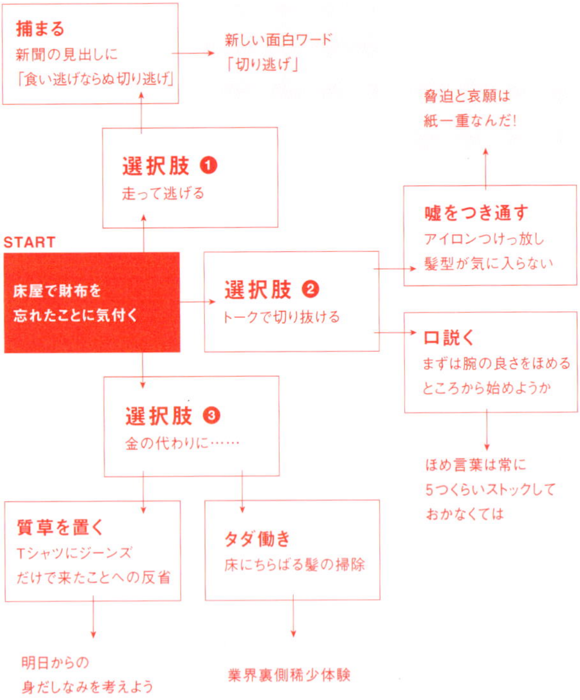
START
床屋で財布を
忘れたことに気付く
選択肢❶
走って逃げる
捕まる
新聞の見出しに
「食い逃げならぬ切り逃げ」
新しい面白ワード
「切り逃げ」
選択肢❷
トークで切り抜ける
嘘をつき通す
アイロンつけっ放し
髪型が気に入らない
脅迫と哀願は
紙一重なんだ！
口説く
まずは腕の良さをほめる
ところから始めようか
ほめ言葉は常に
5つくらいストックして
おかなくては
選択肢❸
金の代わりに……
質草を置く
Tシャツにジーンズ
だけで来たことへの反省
明日からの
身だしなみを考えよう
タダ働き
床にちらばる髪の掃除
業界裏側稀少体験

練習問題

Q1. 雑誌『anan』の「抱かれたい男」の第1位に選ばれたとする。
そのコメントをシミュレーションしなさい。

Q2. 「電車の中で痴漢に間違われた」とする。
そこからいかに逃れるかシミュレーションしなさい。

この章のまとめ

もしかしたら、

企画を立案するための唯一無二のノウハウはないのかもしれません。

しかし、この章で触れているコツを読んだことで、

自分がこだわる“背骨”などの心構えから始まり、

日常のちょっとした引っかかりを企画の芽として見つめる眼などを、

養うことができたのではないでしょうか？

それが、企画を立案するときのとても有効な近道に、

そして基礎体力になっているはずです。

この章で培った“脳力”を足がかりに、

さらに実践的なものへと論を進めていきましょう。

番組解体新書《ターヘル・アナトミア》

「おちまさとの番組はなぜヒットするのか――」
そこに隠された「企画脳」の推移を徹底分析する

1 『自分電視台 Self-Produce TV』

2002年7月～2003年3月放送 フジテレビ系深夜

記憶 >>P.56

バラエティ番組はテープが大量
>> 減らせない?

記憶

スタッフロールは長すぎる
>> 短くできない?

記憶

テレビに出ない人もラジオには出る
>> 出演者が自分ひとりだから?

記憶

江夏豊が、ホームランを打って
ノーヒットノーランで勝ったとき、
「野球はひとりでもできる」と言った
>> テレビもひとりでつくれる?

キーワード >>P.82

セルフプロデュース

普遍性 >>P.71

自分への興味

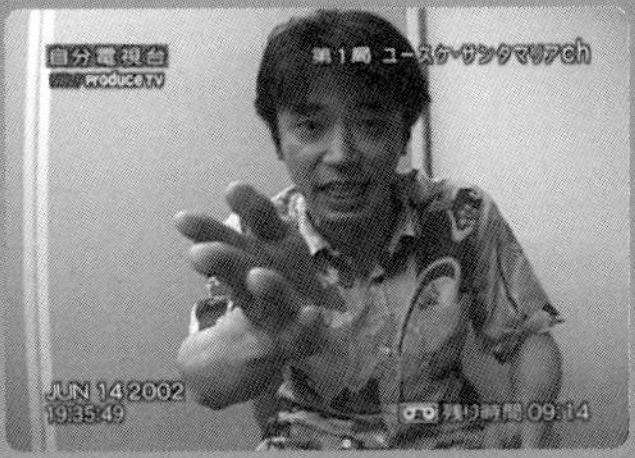

企画・演出・プロデュース：おちまさと
毎回、ある芸能人ひとりが自分のプロモーションVTRを制作し、それをそのまま放送する番組。出演する芸能人は、デジタルビデオカメラを渡され、出演はもちろん、企画、演出、撮影……といったすべてをしなくてはならない。番組冒頭で、「テレビなので面白くしてください」「視聴率が欲しいんです」という、おちのお願いが入る。

サービス >>P.128

画面隅に終了までの時間や、
出演者、番組名を表示
途中から見た人を離さない仕掛けをする

検証 >>P.91

実際に家庭用ビデオを使って、
ADに撮らせた

● 出演者一覧　ユースケ・サンタマリア／山咲トオル／坂下千里子／内田恭子／魔裟斗／中島美嘉／吉川晃司／ミラ・ジョヴォヴィッチ／とよた真帆／ソニン／市井沙耶香／上原多香子／叶美香／辺見えみり／TAKUYA／乙葉／篠原涼子／飯島愛／吉川ひなの／ピーターサースガード／ヒルトン姉妹／和泉元彌／SAM／吉岡美穂／ヴィチェンゾ・ナタリ／クリスタル・ケイ／三浦理恵子／チョン・ジヒョン／ユンソナ／松岡充／新庄剛志／クリス・サンダース／フローラン・ダバディー／ZEEBRA

「なぜ、その商品がヒットしたのか――」
その原因と匠の技をおちまさとが徹底解明する

シビれるぜ!
ヒットのコツ

「バウリンガル」（タカラ）　1

犬と会話ができる夢のアイテムの登場

❶ 夢とロマンのある企画

ああいいなあ、そんなことが実現できたらいいよねえ、という夢とあこがれ。実現したら、どんなふうに世の中が変わるんだろう、というロマン。そんなスケールの大きなモノを持っている企画は人を惹きつけるもの。愛犬と話ができたらどんなにいいだろう、という誰もが持つ夢を、単なる夢に終わらせないために、技術力と企画がうまく結びつけられたところにこの企画のうまさがある。

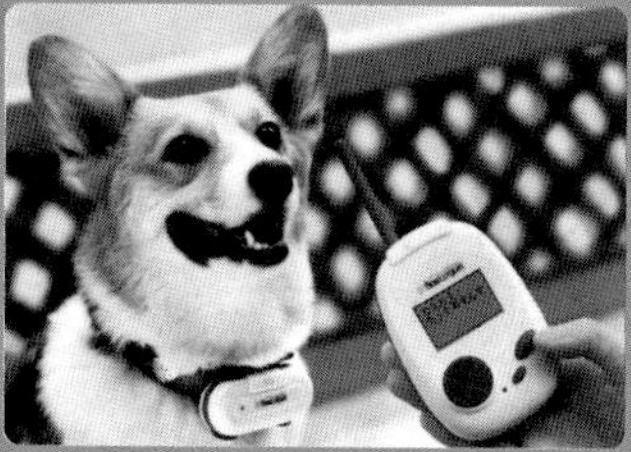

● 商品名：バウリンガル　● 発売元：株式会社タカラ　● 発売時期：2002年9月　● 小売希望価格：14,800円　犬との新コミュニケーションツール。鳴き声をリアルタイムで分析、犬の気持ちが文字とイラストで表示される。

❷ それは無理、をやってみる

発売元のタカラは、ミニカーの『チョロQ』を実車化した『Qカー』で世間を驚かせた。おもちゃメーカーは「子供の夢」を商品化することが目的。だから、石橋を叩くマーケティングとは違う次元で商品を開発できるという強みがある。「それは無理っす」と家電メーカーが言いそうな企画を、面白いじゃん！ と商品化してしまうフットワークの軽さが、長引く不況でも右肩上がりの成長を続けている理由だ。

❸ ネクストを活用する

カスタム心をくすぐって大人をも巻き込んだ進化形のベーゴマ『ベイブレード』は、タカラの産んだ世界的大ヒット。それで生まれた資金をきちんと活用し、次の商品『バウリンガル』に活かしている。ネーミングも、次なる世界ヒットをにらんでのものだ。『ワンリンガル』では世界で通用しないだろうから。タカラには、フットワークの軽さと、したたかさがしっかり同居しているのだ。

おちコメント

**初めにバカにされる企画って意外と捨てたモンじゃない。
「無理っす」って言われたらチャンスなんだよ。**

第 2 章＿実践！企画立案法

実際企画を立ててみると、漠然としたアイディアを形にするのがいかに難しいことか、骨身に染みて分かるはずです。
それはさしずめ、ド忘れした言葉を思い出すかのように、
「分かっちゃいるけど……」を頭の中から引きずり出す作業、なのかもしれません。
方向は合っているはずなのに、企画書にするといまいちピンとこない。
「これだ！」というアイディアの切れ端はあるのに、それがビジネスベースに即さない……。
この章では、そのもどかしさにきちんとした言葉を与え、企画としての形を整えるためのノウハウを、解説していきます。
もちろん「何も思いつかない」と青くなっている人にとっても、有効な実践方法をご紹介します。

1 第2章 企画のベースをつくる

企画を料理に例えるなら、まずつくらなければならないのが、スープ。
それはまだまだ完成形といえない「企画のベース」で、
企画の完成形を目指すための土台となるモノです。そして、そのスープの材料にあたるのが「記憶」。
調理者であるあなたは、その「記憶」をいくつもいくつも鍋の中に入れ、「記憶」同士が結びつき、
「企画のベース」になるのを待ちます。材料同士がお互いの味を補い合い、
化学変化するのを待つのです。まずは、材料である「記憶」のつくり方、
そして、すべての企画の基礎となるスープ、「企画のベース」をつくり上げる段階を考えてみましょう。

「記憶」は企画の構成パーツ

第2章・1・a

ひょんな発見や、思いつき、ちょっとした驚き、世の中への疑問、自分の中で「ああ、そうか」とストンと納得したこと……。毎日の生活で出会う、そんな「！」「？」なコトは、数多くあるはずです。

このようなちょっとした「！」「？」な事柄を、ここでは「記憶」と呼ぶことにします。そして、この「記憶」が複合することによって、企画ができていくのです。(>>Ex.9)

多くの人が企画立案をするときに悩んでしまうのは、企画とは「記憶が複合された」もの、という仕組みを無視して、一足飛びに完成形の企画をつくろうとするからなのです。ですから、まずこの「記憶」をストックすることから始めてみましょう。

{ 記憶 }

「発想」とも「アイディア」とも言い換えられる。企画のもと。自分の仕事や、今考えている企画に関係あるなしに、どんどんストックするのがコツ。実際には、同様のことを無意識にしている人がほとんどだが、意識的に行うことが重要。

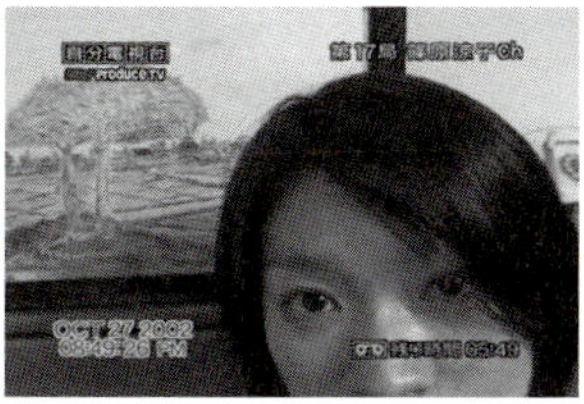
OCT 27 2002

撮影まで出演者がする『自分電視台』

では、どんなことを「記憶」として残すとよいのでしょうか。

例えば、ディズニーの映画に感動したとしましょう。「何でこんなにヒットして、しかも長い間愛されるのだろう」と。すると「ディズニー映画には、いつの時代にも変わらない普遍性があるからだ」と気が付きます。それを単純化して整理すると「普遍性は愛される」という図式が浮かび上がってきます。そしてこの“ひとつの結論＝「!」”を「記憶」として、頭の片隅にでもしまっておくのです。(>>P.71 普遍性)

「嫌いな歌って、なぜか覚えちゃうよな」という感想から始まっても構いません。「嫌い」というのは「好き」と同じく強い感情です。そこで、「感情が動いたとき、

>>Ex.9

『自分電視台』　バラエティの最後に流れる「スタッフロールは長すぎる」し、「未編集のビデオは多すぎる」。このふたつのことに常々疑問を持っていて、何とかならないのかな？　と感じていた。出演者が自分でプロデュースしてカメラも回し、テープもオンエアの時間分だけ渡せば、スタッフロールもビデオもひとつだけになる、それが発想のキッカケになった。

● 「記憶」をつくる

生活の中での、「!」や「?」をどんどんストックしていこう

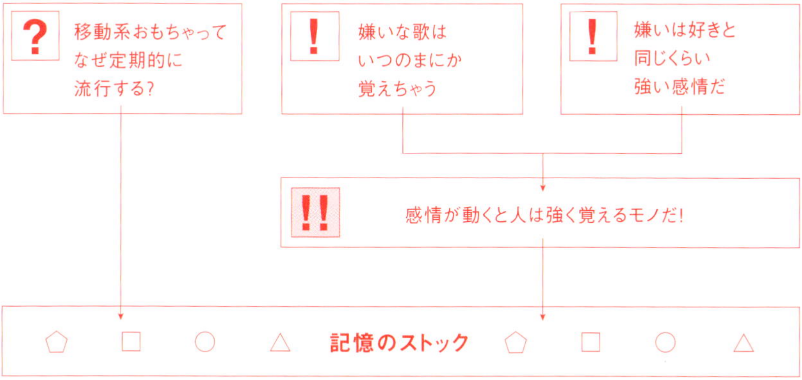
?
移動系おもちゃって
なぜ定期的に
流行する?
!
嫌いな歌は
いつのまにか
覚えちゃう
!
嫌いは好きと
同じくらい
強い感情だ
!!
感情が動くと人は強く覚えるモノだ!
記憶のストック

人は何かを強く覚えるのだ」と、ひとつの結論が「記憶」されます。

上記のようなきちんとした因果律を持たなくても、もちろんいいのです。例えば「インラインスケート、キックボードときてヒーリーズかあ。移動系の流行りモノって定期的に生まれるよなあ。今度、その周期がどれくらいなのか調べてみよう」という最初の一歩だけを「記憶」するのでもいいでしょう。あるいは、目撃したモノだけを「記憶」するというのもあります。駅の売店でネクタイを買っているサラリーマンを見かけた、としましょう。常々「なんで売店で普通のネクタイ売ってるんだ？」と疑問に思ってたのなら、そのサラリーマンが売店のおばちゃんに向かって「昨日、サウナに泊まっちゃってね、えへへ」という言葉で、疑問が氷解するはずです。そこで「駅の売店はすごくサラリーマン・ニーズに合わせているんだ！」と納得し、それが「記憶」として残るコトになります。

このようにして、常に「記憶」をストックする習慣をつけましょう。

{ 疑問が氷解 }

疑問が解けるとき、快感が伴う。そのときの「得をした気持ち」を忘れずに、感情ごと企画に反映させることも有効。

練習問題

Q1. 今日1日かけて、「！」「？」と思ったことを、5つ「記憶」しなさい。

「！」ときたら、すぐに「記憶」せよ

「記憶」のキープ法

第2章・1・b

なかなかいい思いつきや経験を「記憶」しても、すぐに忘れてしまうのが人間の性《さが》。あとになって、「何か思い付いたはずなのに……」とならないために、いちいちメモを取る習慣をつけましょう。手帳、カメラ付き携帯、携帯メール、モバイルPC……。自分に合った方法で、必ずメモをしましょう。それが記憶キープの基本です。人間、本当に笑っちゃうほど、物事を忘れてしまうものなのですから。

また、メモではなく人の脳を使う、という手もあります。周りの信頼できる人間に「このコト、忘れないでおいて」と言っておくのです。言われた人は「忘れちゃいけない」と、強迫観念のように覚えていてくれたりします。そしてこのことは、出来上がった企画を検証するときにも利用できます。(>>P.95)

{言っておく}

口に出すことで企画が洗練されるし、さらなる記憶のきっかけになることも。

そのうち、整理することに慣れてくると、「記憶」は忘れられなくなってきます。なぜならば、自分が本能的に面白いなと思ったモノは忘れにくいからなのです。初めは機械的に取っていたメモも、いつのまにかなくなることでしょう。そこまでいけば、アナタはかなりの達人です。

「記憶」同士を複合して企画のベースをつくる

第2章・1・C

「記憶」と「記憶」が合体！

日々たまっていく「記憶」。その「記憶」同士を複合することで生まれてくるのが、「企画のベース」です。ひとつのアイディアだけを取り上げてこねくり回すのではなく、複数の「記憶」同士が化学反応を起こして「企画のベース」になるのです。

それでは、その複合の方法を考えていきましょう。

プールされた「記憶」同士は、一見かけ離れているように思えるものです。しかし、すべて自分が面白いと感じた事柄なので、どこかしらに共通点や繋がりやすい要素を持っています。ですからたまってきた「記憶」は、自然といくつかが結合・複合を繰り返し、

｛記憶同士を複合する｝

ひとつの記憶だけで企画をつくろうといくら頭を捻っても先に進まない。「思いつき」が「企画」になるためには、「思いつき」が複数結びつく必要がある。

いつのまにか企画へと収束していくのです。十分に蓄積された「記憶」同士が結びつくのは、これっぽっちも難しくないのです。

でも、「いきなりは結びつかない！」という人は強引に結びつけてみてもいいでしょう。書き出した「記憶」のメモをざーっと並べて、ランダムに何枚か取り上げ、それを三題噺《ばなし》のように無理矢理くっつけてみましょう。そのうちに「記憶」同士を複合させるコツがつかめてくるはずです。

例えば、「浄水器って小さくなったよな」という記憶メモ①と、「コンビニに小分けにされたサプリメントが置かれていて、どうやら売れてるらしい」という記憶メモ②があったとします。

メモ①からは、じゃあ持ち歩きサイズまで小さくなったらどうなるだろ？ と考えが発展したとしましょう。ペットボトルに浄水機能を付けても意味がないか。イヤ、待てよ、浄水器の機能で逆に味をつけられるかもしれないな。でも、味をつけるなら水の意味がないか。と、そこでメモ②が登場します。コンビニで少量小分けのサプリが売れるのは、何でだろう？ 水なしで噛み砕けるタイプのモノが多いようだ。ちょっと足りない栄養素を手軽に補給したいからだよな。

そこで①と②が結合し、小型の浄水器にビタミンとか水溶性の栄養素が補給できる機能を付けて、取

{ 三題噺 }

寄席で落語家が客席から3つお題をもらい、その場でひとつの噺に仕立てる。アドリブが要求される芸。お題同士の意外な共通点や、期待を裏切る斬新な結びつき方など、企画立案に反映できる。

{ コンビニ }

「何でこんなモンが売っている？」「なるほどこんな新製品が売り出されたか！」と、コンビニにはリアルタイムで多くの発見があるはず。ここで驚かなくなったら、かなりヤバイかもしれない。

り替えのきく飲み口にしたらどうだろう……。

　実現するかどうかはさておき、このように、それぞれのメモから発展した考えや疑問がくっつくと、「企画のベース」になります。このベースに、さらに企画として必要な要素を加味していけば、立派な企画になるのです。この追加する要素は後ほど2－2で詳しくお話しいたします。

●「記憶」が複合して「企画」となる

ストックしてきた「記憶」がいくつも結びついて「企画」へとステップアップする

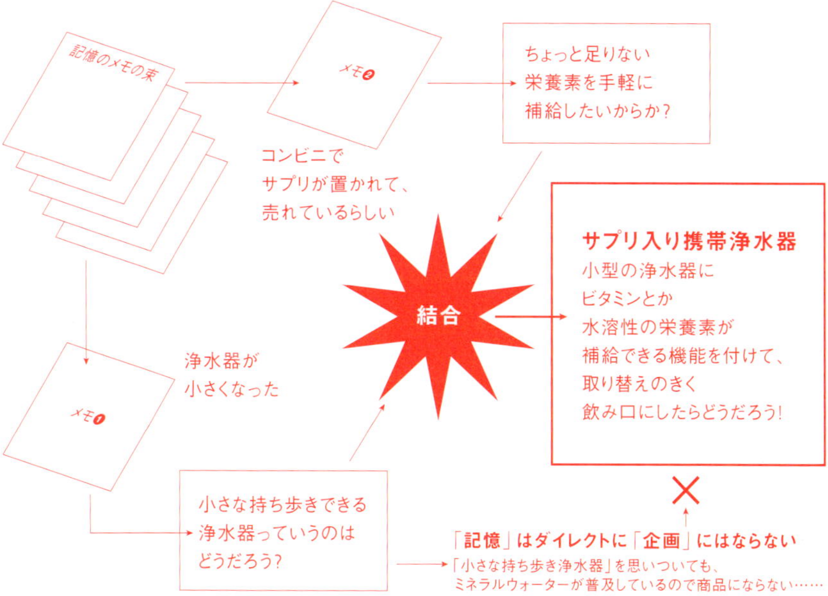
記憶のメモの束
メモ❷
ちょっと足りない
栄養素を手軽に
補給したいからか?
コンビニで
サプリが置かれて、
売れているらしい
結合
サプリ入り携帯浄水器
小型の浄水器に
ビタミンとか
水溶性の栄養素が
補給できる機能を付けて、
取り替えのきく
飲み口にしたらどうだろう!
浄水器が
小さくなった
メモ❶
小さな持ち歩きできる
浄水器っていうのは
どうだろう?
「記憶」はダイレクトに「企画」にはならない
「小さな持ち歩き浄水器」を思いついても、
ミネラルウォーターが普及しているので商品にならない……

練習問題

Q1. P58で「記憶」した5つのうち、複数個を結びつけて、「企画のベース」をつくりなさい。

結果から逆算する

第２章・1・d

でも、しかし。それでもやっぱり上手く複合しない、とおっしゃるのなら、「結果からの逆算」をしてみるのも有効な手段です。

{ 結果から逆算 }

どんなものでも逆の視点から見るのは大事なスタンス。結果から考える、買う人の立場にたつ、常識をはずして見る、等々。見慣れたものがまったく違って見えてくるから、不思議。

まず、自分の企画が大成功したことを想像してみましょう。評価は社内だけにとどまらず、大ヒットの仕掛け人を取材しようと、新聞社や雑誌社があなたのところに押し掛けてきます。そんなとき、あなたはどんなコメントをするのでしょう？ 根拠も何もない、でまかせでもイイですから、考えてみてください。

「今までの路線の延長線上にあって、でもみんなが気が付かなかったポイントを突いたのが、この企画の成功の鍵です」と言うでしょうか。あるいは「今までの路線をポジティブに否定したモノがこの商品なんです」と言うかもしれません。

そこには、企画の形はこれっぽっちもありません。なにせ、これから考えようとしているところですから。でも、いんちきコメントを考えることで、自分が無意識に進もうとしている方向が分かるのです。

{ 無意識 }

「無意識」にしていることを「意識」することで、初めて分かることは多い。自分のポテンシャルを高めてくれる大事な作業。

その方向の延長線上にあったり、類似していると思える「記憶」同士を、もう一度見直してみましょう。きっと、「記憶」がぽこぽこと繋がり始めるはずです。

● 大成功したところから「逆算」

逆からものごとを見る典型。やってみると思わぬことに気付ける。

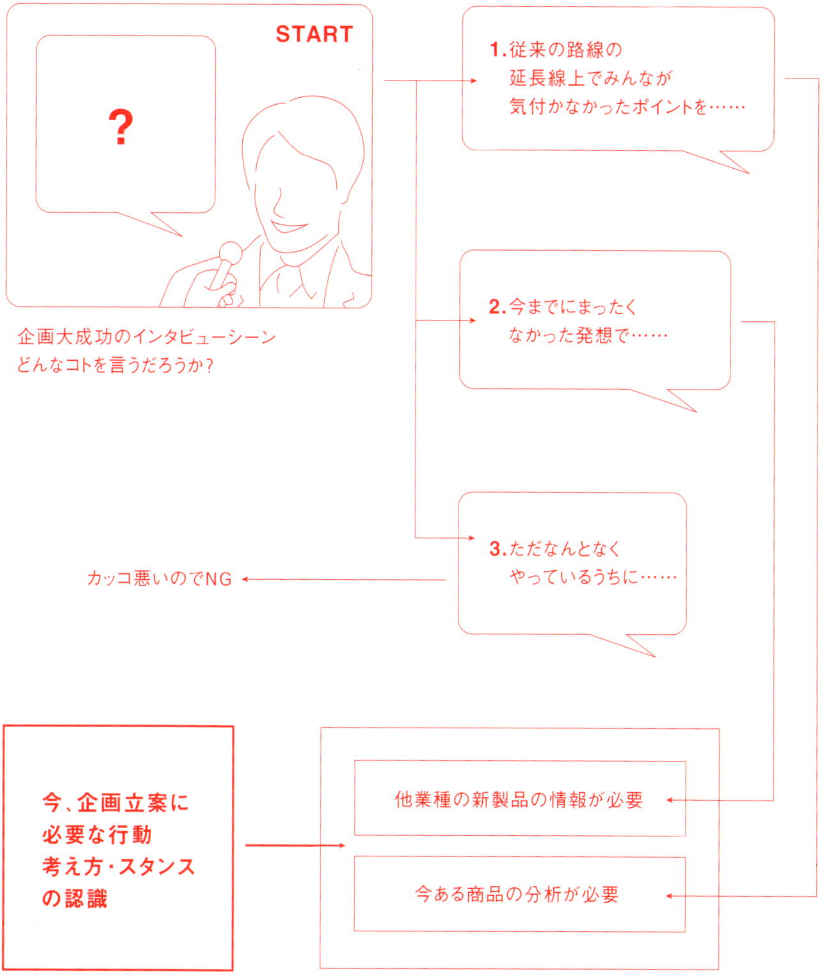
START
?
企画大成功のインタビューシーン
どんなコトを言うだろうか?
1.従来の路線の
延長線上でみんなが
気付かなかったポイントを……
2.今までにまったく
なかった発想で……
3.ただなんとなく
やっているうちに……
カッコ悪いのでNG
今、企画立案に
必要な行動
考え方・スタンス
の認識
他業種の新製品の情報が必要
今ある商品の分析が必要

2 第２章

企画が愛される ための5箇条

「企画のベース」が出来上がったのなら、それをさらにステップアップさせていきましょう。
企画らしさを加味するといっても、いいかもしれません。
そのためには、より多くの人から企画自体が愛されることが必要です。
凡庸な企画と愛される企画の違いは、たったの5つしかありません。
それさえ理解すれば、ため息と賞賛はあなたのものになります。
まずは、その必須事項を徹底的に頭に叩き込むところから始めましょう。
また、なぜこの5つが必須であり得るのか、も併せて考えてみましょう。

その１　特性

第２章・2・a

これから立案する企画には、その立脚している「世界」があります。簡単に「業界」といってもいいでしょう。まず、その世界の「特性」を見極めることが大事です。どういう約束事があるのか、キーワードやポイントは何なのか。そのあたりをじっくり予習して、検討してみましょう。もちろん、その「特性」はたったひとつ、ではないハズです。いろいろな面からのアプローチが有効でしょう。(>>Ex.10)

自分の勝負する業界の「特性」を見極め、検討したならば、その「特性」を活かす方法を模索しましょう。

例えば、食玩といわれるオマケ付きお菓子業界の

{「特性」を活かす}

必ずしも、肯定的でなく、否定的に「活かす」のもあり。

『自分電視台』では、四隅全てにスーパーが入る

持つ「特性」を考えてみましょう。ここには「オマケ目当ての購買層」に訴えかける、という「特性」があった、と分析できます。オマケを精巧にすることで子供の興味を引くという方向は模索されたのでしょうが、だからといって子供が気軽に買えない値段設定にしてまで、精巧なオマケをつくることはされてきませんでした。しかし、徹底的に「おもちゃ目当ての購買層」を取り込むことを第一義に考え、ついに「オマケがとびきり素晴らしければ大人も買う」という現象を引きずり出したのです。お菓子にしては高めの値段設定（子供向けならタブー）ですら、食玩の「特性」を考えれば、うち破ってしまってもいいモノだったのです。

「特性」を考えれば、うち破るべきタブーが見つかり、それが斬新な企画に繋がっていくのです。

>>Ex.10

テレビ番組なら、スーパーインポーズのあるなしに着目してみる。画面に、滑走路に止まる飛行機が映っているだけでは視聴率は0％だが、そこに「只今、ハイジャック事件発生中」のスーパーがひとつ入るだけで、視聴率はドカンと上がる。テレビとはスーパーひとつでそれほどまでに変わる、不思議なメディアなのだ、と理解できる。その上で、バラエティ番組には、情報として画面の四隅のどこかにスーパーを挿入しておく手法を編み出した。

練習問題

Q1. 自分が活躍しようとしている業界の、不思議な「特性」を検証しなさい。

Q2. 破っても犯罪にならないと確信できるタブーを3つ挙げ、そこから生まれる可能性のある新商品を考えなさい。

その2　振り幅

第2章・2・b

{ 振り幅 }

商品に関していえば、覆す「常識」が強固で、理にかなったものであるほど、振り幅が生まれる。逆にいえば、「当然の常識」として意識の外になっていることを、意識する必要がある。前項で自分の世界の「特性」を検討したことが役立つはず。

物語で感動する裏側には、「振り幅」が存在しています。「振り幅」とは、状況変化の大きさの度合いのコトを言います。そして、その「振り幅」が大きいほど、何かがダイナミックに変貌を遂げるほど、人は心を打たれるのです。

そんな「振り幅」効果を大いに利用するためには、最初のスタート地点をマイナスに設定することが効果的です。物語のハッピーエンドを＋100だと仮定するならば、ゼロ地点から出発した主人公が、物語の最後で得られる「振り幅」は100です。しかし、主人公の最初の地点が、ハンディキャップを負っているなどの理由で－100であったならば、エンディングで得られる数値との格差は200となります。この「振り幅」の大きさこそ、物語を

● 振り幅は大きいほうがいい
マイナスからスタートした右のほうが、エンディングは同じでも振り幅が大きくなる

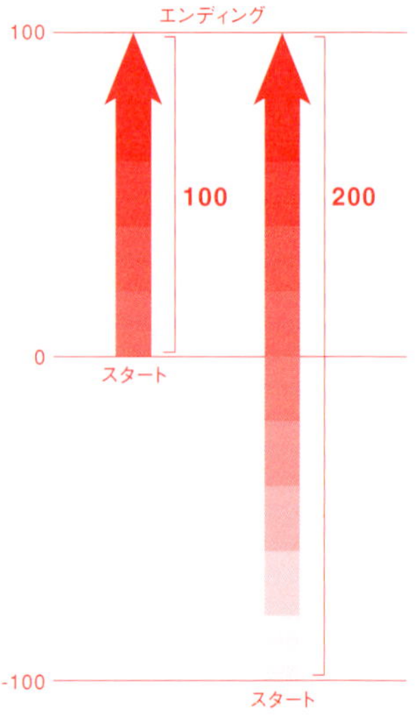

ひどいことがあったから、ハッピーエンドが感動的

面白く見せるのです。そして、映画などでは、2時間前後の短い時間で心に響くダイナミズムを描くことができるのです。

例えば、ディズニーの『ダンボ』ならば、主人公は耳が大きいというハンデの持ち主だし、『美女と野獣』の主人公なら、いきなり野獣です。主人公の最初のスタート地点がマイナスであったのに、さまざまな困難を跳ね返し見事大成功を収めるという、その「振り幅」が大きいがために、感動もまた大きいのです。

これを一般的な商品の企画に当てはめてみると、どうなるでしょう？ スタート地点での主人公のハンディキャップは、その商品が持つ常識など

{ 短い時間 }

CMなどは短い時間を有効利用している極端な例だといえる。「語る時間が短い」というデメリットと、「短いから全編すべてを見てくれる」というメリットの兼ね合いを上手く処理している。これは、ポスターなどのサイズや、店舗の面積など、表現に制限のある状況では共通の事柄。

の「縛り」だといえるでしょう。「この商品だから、こういうのはダメ」という否定形といってもいいでしょう。ですから、そこに「振り幅」の大きさを求めるならば、常識的に「あり得ない」とされていること、否定されていることを跳ね返し、いい意味で壊すことが必須なのです。（>>Ex.11）

開けたら飲むしかなかった缶の常識を覆した、蓋のできる「500ミリのペットボトル」は、一息に飲みきらないから、少しずつ飲みたいから、という理由で一躍シェアを伸ばしました。一見画期的な商品でしたが、そこからまた新たな常識を生んでしまいました。つまり「ペットボトル＝飲みごたえのある量」という常識です。そして、その新しい常識を壊したのが、300ミリに満たない小さなペットボトルです。「こんなに小さければ飲みきれちゃうじゃん！」「ペットボトルにする意味ないじゃん！」という、否定的なイメージからスタートしたからこそ、それが世に出たときに潜在マーケットが大歓迎をして、完成品に「振り幅」が生まれ、販売数を増やしたといえるでしょう。

>>Ex.11
『部屋干しトップ』　部屋の中では洗濯物を干さない、という縛りを壊すことから生まれた。常識的には干さないのだから、部屋の中で干したときの商品の性能を追求することはあり得なかったのであろう。「それでも、部屋の中に洗濯物干すんだよ！」という、常識にとらわれないスタンスから生まれた振り幅のある商品だといえる。

練習問題

Q1. あなたの身の回りで、「振り幅」のあるものをひとつ挙げなさい。

Q2. 1において、「振り幅」がどのような効果を挙げているか、説明しなさい。

その3　普遍性

第2章・2・C

ベストセラー、メガヒットの根底には常に「普遍性」が流れている、といえます。誰もが愛着(>>P.88)と興味を持って見ることのできるモノ、シンプルだけど飽きないモノ。そういうモノの中に存在する「普遍性」を読み取り、企画に入れ込むことがとても大事なのです。

「普遍性」の一例として音楽を考えてみます。音楽とはとても身近なモノで、散歩のときには鼻歌を歌い、酒を飲んでは奏でるモノでした。時代は下って、音楽は鑑賞するモノとしての地位を得ました。その時代が長く続くと、無意識的な常識として、「音楽＝屋内」という考えが浸透してきました。そこで登場したのがウォークマンです。屋内でしか楽しめなかった音楽が、持ち歩けるようになったのです。当初、ヘッドフォンを着けて歩くことに大人は抵抗を感じたといいます。しかし、若者に受け入れられた後は、CD、MD、HDDと、まるで技術の進化と連れ添うように、必ず「○○ウォークマン」は登場し、今では年齢に関係な

「MDウォークマン」(SONY)

{ 普遍性 }

すべてのものに共通する性質。ただし、「どこにでも見受けられる」＝「普通」とは違うので注意。「普遍」は心地よいが、「普通」は感情を刺激しない。

く愛用され、一般名詞になっているほどです。これこそ、音楽という「普遍性」を企画に取り入れた好例だといえるでしょう。

では、どうすればそんな「普遍性」を企画に組み込めるでしょうか。簡単に言ってしまえば、1000年後の西暦3003年を想像し、そのときにも残っているモノが、「普遍性」のあるモノです。

「ウォークマンは例としては大ヒットすぎるよ。オレの企画はもっとこぢんまりしてるんだよな」と思ったあなた。心配はいりません。そこまで規模を大きくしなくても、企画自体に小さな「普遍性」が入ってさえいればいいのです。例えば「男と女」ですし、「お金」ですし、「成功と失敗」ですし、「髪の毛」なのです。

「普遍性」とは「今の人たちみんなが興味を持っていること」だといえます。「今も昔も変わらない」という言葉は、昔からあったモノへのリスペクトの姿勢から出てきている言葉なのです。過去からの継続としての「普遍性」をとらえてみたり、「今も未来も変わらない」という視点で考えてみることも有効です。

自分でいくつか、これには「普遍性」がある、というモノを探してみてください。(>>Ex.12)

>>Ex.12
『学校へ行こう!』→学校　『百萬男』→お金　『東京恋人』→恋人　『自分電視台』→自分　『ガチンコ!』→不良　『仕立屋工場』→服

練習問題

Q1. 以下の最近のヒット(商品)に見られる、「普遍性」を抜き出しなさい。

●マイナスイオン商品　●リフォーム　●布団圧縮袋
●「世界がもし100人の村だったら」　●プラズマテレビ

その4　やられた感　①その必要性

第2章・2・d

「そのままじゃん！」は、ツッコミの台詞としては面白いのですが、企画としては最悪の部類に入ります。

消費者は、常にいい意味で裏切られたいという願望を持っています。なぜなら、裏切られたときに、さわやかな気持ちと、裏切られた自分に対する愛おしさを感じるからです。それをここでは「やられた感」といいます。

「なんか面白いことない？」と口癖のように言っている人こそ、「やられた！」と言いたい人なのです。

しかし、単に裏切ればいい、ということではありません。ルールを無視したり、最初から想像もつかなかった“意外なだけのオチ”では「それじゃ詐欺じゃん！ 金返せ！」になってしまいます。アイテムとしての基本的な性能を備えていることは、基本中の基本です。そしてそのことは、すべての人たちが無意識に持っている、厳しい「最低限のライン」なのです。

｛やられた感｝

映画を見て「面白かった～」の多くは、このやられた感に起因している。人は「やられ」に映画館へと出向く。つまり、強い購買動機になるポイント。

例えば、アリバイやらトリックやらをさんざん見せつけるようなサスペンス映画で、最後の最後、ラストの数分で「実は犯人は双子でした」「しかも宇宙人でした」と言われたら、怒るでしょう？ 犯人のヒントは必ず先に提出する、というルールを無視しているし、SF映画でもなかったはずですから。(>>Ex.13)

サスペンス映画として、まずきちんと機能する、が大事です。そのレール上に観客を乗せ、スピード感を増しつつ突き進ませる。

きちんと期待されている部分（クオリティや約束事）は裏切らずに、最後の最後に、落としどころやちょっとした部分で裏切る。「裏切らずに裏切る」ことが大事なのです。

やられた系映画『トゥルー・ロマンス』※

>>Ex.13

『トゥルー・ロマンス』は設定も流れも、構成要素のすべては「悲劇」なのに、最後はそれをきちんとハッピーエンドに落とし込んだ。こういう嬉しいだまされ方は、見ていても楽しいモノ。同様に、『ギャラクシー・クエスト』は、B級SFで笑わせる映画なのに、泣けた。そのとき、泣かされた自分が嬉しくて、映画に対してもいい印象が残る。

練習問題

Q1. 最近「やられた」と思った映画、商品をひとつ挙げなさい。

Q2. 1のどこに「やられた」のかを、客観的に分析しなさい。

※1993年・米　DVD　2980円＋税　アミューズソフト販売

その4　やられた感　❷その抽出法

第2章・2・e

では、そんな「やられた感」は、どうやってつくり出せばいいのでしょうか？

まずは、受け手と同じ思考をトレースし、同じステップを踏むように「これからどうなるかな」と推測をしていきます。あるいは、あったら便利な機能やセールスポイントをひとつひとつ数え上げるのです。そして、最後の最後にあと一歩だけ、深いところまで至るようにする、というのがコツです。

簡単にいえば、受け手が予想できる事柄、ポイントをすべて書き出して、それを全部捨てるということです。その先にある「最後のもうひとつの結論・ポイント」を何とか見つけるのです。それが「やられた感」

『天国に一番近い男』（脚本：おちまさと）

｛トレース｝

人の思考をトレースする練習としては、トランプやボードゲームなどの、対戦相手のいるゲームがオススメ。勝負に熱くならず、相手の手の内を推し量るコト。

｛最後のもうひとつの結論・ポイント｝

「悪くはないけど人に勧めるほどじゃないモノ」の多くは、この最後のポイントを外したモノ。逆に、全体が粗削りでもこのポイントを外していないモノは、お気に入りになることも。

に繋がるのです。(>>Ex.14)

そんな「最後の一歩」を目の前に提出されたとき、受け手は「オレ、それは気が付けるはずだった！ でも気が付かなかった！」という、悔しさとさわやかさを感じるのです。

携帯電話の新機能に、テレビのリモコン操作ができる、というものが追加されました。今までの携帯の機能的な進化としては、携帯でメールができる、音楽が聴ける、カメラが付く、ゲームができる、といったものでした。携帯電話の進化とは、そこに付加した「高機能を持ち歩く」という思考の流れがあったハズです。しかし、メールにしても電話にしても、いつ着信するか分からないのですから、普通、ユーザーはテレビを見ているときでも携帯電話を手元に置いているはずなのです。新しい機能の追加、という点でいえば、リモコンは斬新なアイディアではないかもしれません。しかし、携帯電話の「高機能を持ち歩く」という方向性を裏切って、家でだけ使える機能を付加したところに、「やられた感」があるといえるでしょう。

考える方向性を少し変えるだけで、最後の結論は面白い方向に転がるものなのです。

>>Ex.14

『天国に一番近い男』第1回から天童という天使には、すぐに「メモっておこう」と言うクセを設定した。最終回でそのメモを主人公に渡し「これからはここに書いてあることを読んで生きていけ」と言う。そこに何が書かれてるか、がオチのひとつ。「あのときはこうだったなあ」とひとつひとつ思い出が書かれているパターンや、心に残るひと言だけが書かれているパターンなども考えたが、そこらへんまでは番組のBBSにも「予想」が来るくらいの範囲。実は全部白紙で「お前の未来はお前で書き込め」というモノにした。「ああ、それもアリだったか！」というラインで、でも誰も想像しなかったオチ。

あんなおじさんが！ やられたぜ！

その5　時流

第2章・2・f

現在、流通しているモノには、必ず「時流」に即した要素が含まれています。「時流」とは、それを受け止めた人にとっては、他者と一緒に「今」を過ごしている安心を感じさせるモノです。同時代性と言い換えてもいいかもしれません。この「時流」がないと、「それ、今じゃなくてもいいんじゃない？」と切り返されてしまうような、パンチに欠ける、のっぺりとした企画になってしまいます。

「時流」の典型的な例としては、ドラマならその口調になりますし、バラエティ番組ならゲストのブッキングですし、ペットボトル飲料ならアミノ酸などの機能性です。

{ゲストのブッキング}

「誰をゲストに呼ぶか」ということは、デートなどのときに「どんな人を話題にして会話するか」にも通じる。その場の思いつきや街で見かけた看板からネタを拾うだけではなく、前日に真剣な検討をしてみる。

まずは、どういうものが「時流」という要素として存在しているか、その分析から始めましょう。流行しているモノ、以前からあるけれど最近になって注目されているモノ、男性専用が共用になったモノ。

「時流」は「普遍性」とワンセットになっていることもあります。例えばおちまさとがよく使う「セルフプロデュース」という言葉です。今っぽさ（「時流」）はありますが、人が自分に興味を持つという部分には、「普遍性」が存在しています。

あるいは、ペットを飼う人口が増えているという「時流」を踏まえた企画として、犬の感情が分かるという『バウリンガル』があります。これも、ペットとのコミュニケーションを深めたい、という「普遍性」のある願望を加味した企画だといえるでしょう。

「時流」だけを追いかける弊害も理解しておきましょう。歌詞にはイマドキな言葉が溢れています。しかし、時流を追い求め、イマドキな言葉を使いすぎると、10年後に「懐かしい～！」だけの歌になりかねません。「今だけ」を考えるならそれもありですが、やはり、「普遍性」の要素も盛り込みましょう。

「時流」に即したモノは、常に色褪せる危険性をはらんでいます。そのバランスを見極める感覚が大事なのです。10年前のスナップ写真を引っ張り出してきて、自分が「流行に乗りやすいお調子者タイプ」なのか、「時流を入れない変わりばえしないタイプ」なのか、見極めて、対策を練ってもいいかもしれません。

{「時流」だけを追いかける弊害}

流行り廃りが早い時代だけに、「時流」だけを追い求める企画は短命になりやすい。そのため、常に次の企画、次の企画と追い立てられることにもなる。できれば、ロングセラーを狙いたい。

●「普遍性」と「時流」がワンセットのときもある

「普遍性」と「時流」が手を組むと、企画がロングセラーになりやすい

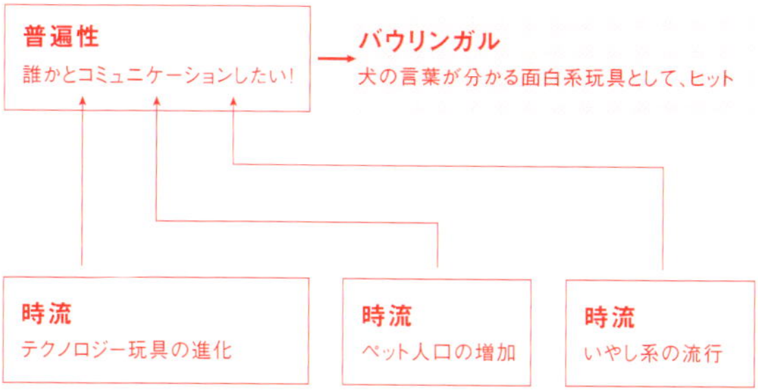
普遍性
誰かとコミュニケーションしたい！
バウリンガル
犬の言葉が分かる面白系玩具として、ヒット
時流
テクノロジー玩具の進化
時流
ペット人口の増加
時流
いやし系の流行

3 第2章 愛されるための だめ押し要素

前項で取り上げた必須事項をクリアしていれば、
みなさんの手元にある企画は十分に魅力的な企画となっていることでしょう。
しかし、ライバルたちの群れから頭ひとつ抜け出すためには、
だめ押しともいえる“企画が愛されるため”の要素がさらに必要なのです。
だめ押し要素が加わることで、ヒットする可能性も上がります。
また、これらのだめ押し要素は、まだ企画が固まっていない人にとっては、
アイディアを思いつくきっかけにもなりますし、
現存するヒット企画の仕組みを解き明かす検証の手がかりにもなるはずです。
「そうか、こういうだめ押しがあるから、面白い企画なんだ！」と、納得してもらえるはずです。

そりゃそうだよな、のパンチ力

第 2 章・3・a

ヒットした商品を手にしたとき、そして実際使ってみたときの感想には、どういうものが多いでしょうか？「こんなアイディア、誰も思いつかないよ！」という感想でしょうか？ 実は、そういう感想は少なくて、それよりも「言われてみれば、ありそうだけど今までなかったよな」という感想が大多数なのではないでしょうか？

「そりゃそうだよな」と妙に納得してしまうようなパワーを持っていて、常識の盲点を突いたような商品がヒットすることが多いのです。当然と思っていた「常

【ありそうだけど今までなかった】

時代の一歩先でなく、半歩先を行くモノが、このパンチ力を持つ。小さなこと、ささいなもので構わないから、こうしたパンチのある企画をつくりたい。

「甘栗むいちゃいました」
（カネボウフーズ）

「カルピスウォーター」
（カルピス）

識」の中にある、ほんの一点をアレンジするだけで、驚くほど効果的な企画になり得るのです。（>>Ex.15）

以前から存在していた別アイテムをヒントにするのもいいでしょう。カネボウフーズの「甘栗むいちゃいました」などは、その好例だといえます。甘栗という、昔からあるベーシックなアイテムが、ちょっとした考え方でヒット商品に早変わりしたわけです。そこには「栗はむくもの」「面倒だからたまに食べるもの」という、無意識下の常識があったはずです。今までは、たまにしか食べなかった季節物の栗が「手軽なら食べてもいい」という、潜在的なニーズを掘り起こしたのです。結果的に、ポテトチップスやチョコレートと同じ「スナック類」のカテゴリーにまで参戦できたその大本は、やはり「そりゃそうだよ、むいてあれば食うもん！」という、ちょっとした発想なのです。

>>Ex.15

「カルピスウォーター」　きっとカルピスウォーターを提案したとき、とてもバカにされたのではないか。「原液を好きな濃さに調整できるのがカルピスじゃないか！」と。もしかしたら「お前はカルピスを否定している」くらいのことを言われたかもしれない。しかし、商品を手にした途端「そりゃそうだ、初めから適度な濃さになってれば、これは便利だもん」となる。そして多くの人々から受け入れられ、ヒットになった。

練習問題

Q1.「そりゃそうだよな、ありそうでなかったもん！」と思った商品を3つ挙げなさい。

キーワードが出てくるインパクト

第2章・3・b

企画に、何かしらインパクトがある、というのも愛される企画の共通項だといえるでしょう。それは、ある商品や企画が何度も語られるときに、その企画を言い表すキーワードだけで、会話がなぜか成立するようなことなのです。

こんなシーンを想像してください。ひとりが「ほら、あのぶるんぶるんするヤツ」と言い、もう一方が、両手をグーにしてふたつ合わせ胸の前で振るわせながら「ああ、あのぶるんぶるん、な」と言っているシーンです。きっと、ふたりの頭の中には、同じ運動器具「ボディ・ブレード」が思い浮かんだのでしょう。

あるいは、出した企画が、消耗品の使用量縮小を主眼とした経費削減案だったとして、「あの紙コップ作戦ね」と、言ってもらえたとしましょう。

みんなの頭にぱっと浮かぶ映像やキーワードがあるかどうか、が重要なことなのです。何かのキーワードで認識されるということは、そこに強烈なインパクトがあるからだといえます。その認識のされ方が「ぶるんぶるん」「紙コップ」などの簡単な形であればあるほど、企画が浸透した、という証でもあるのです。

際立ったひと言や、印象的な絵柄は、必ず用意す

{ キーワード }

「百聞は一見にしかず」だが、企画が必ずしも形あるものとは限らない。「百聞は一聞にしかず」となるような、「一聞」を入れ込む必要がある。

>>Ex.16

『仕立屋工場』 出演者の追いつめられたときの真剣な表情や、ドラマティックな出来事などの見どころよりも、「ああ、あの服の番組ね」とひと言の印象に落ち着いていく。それが普通だし、それでいい。何か、ひとつ残ればよい。見る人は完成品しか見ないから。

ああ「紙コップ」!

ることが必要です。膨大な量の準備と、周到すぎるくらいの計算があっても、最後に残る“何か”は、他愛のないひと言だったり、印象的なひとつの絵だったりするのです。心に残る企画を立てたいならば、受け手にとって何が残るのか、を考えてみるのもいいでしょう。(>>Ex.16)

練習問題

Q1. 商品名とは別に、キーワードで語られる商品を3つ挙げなさい。

看板はひとつ、中身は多様

第2章・3・C

前項で触れたように、「インパクトのあるイメージ」に惹かれて、人は購買意欲を刺激されるという一面があります。

しかし、人は（それが商品だった場合）購入して自分のモノになった途端、とにかく隅々まで目を通すものです。そんなとき、最初の購入衝動とは違う部分で商品を評価したりする、不思議な現象が起こります。値段の安さに惹かれたのに、使い勝手がよいとか、色が気に入ったのに、それ以上に手触りが気持ちいい、などです。

ですから、商品のイメージと、売りたい内容に少しだけギャップがあったとしても、全体としての評価が大きく変わることはないのです。（>>Ex.17）

例えば、ケンタッキーフライドチキンには、サイドメニューにコールスローがあります。お客としての立場から考えると、フライドチキンが「主」でコールスローが「従」にある関係のようですが、売り手にとっては、フライドチキンとコールスローは商品として同列なの

「ケンタッキーフライドチキン」

｛ケンタッキーフライドチキン｝

ケンタッキーのチキンの味が好きで、店を訪れる。しかし、思い起こせばいつもコールスローも買っている。確かに、コールスローはケンタッキー以外では食べない。でも、コールスローが食べたいがためにケンタッキーに行くわけではない。でもコールスローが……。看板は「チキン」だが、中身は「コールスロー」など多様ということ。

「ふふふ、かかったわね……」

です。ですから、企画者の立場に戻ったときに考えるべきは、初めからコールスローを「捨てて」勝負すべきではない、ということなのです。ケンタッキーがフライドチキンだけしか売ってない店だったら、きっとここまでチェーン展開はできなかったでしょう。

つまり、（チキンという）看板は大事だけれど、それ以外の（コールスローなどの）中身の多様性も大事だ、ということなのです。

もうひとつ、例を挙げてみましょう。コンビニは、基本的に定価売りです。スーパーや専門店で買ったほうが断然安いのです。しかし、コンビニの持つ「いつも開いていて便利」という感覚は、とても強力です。その部分で集客さえできれば、お客はうっかりレジ横の思ってもみなかった商品まで買ってしまいます。コンビニは、「安い」を打ち出さずとも、イメージを「便利」ひとつに絞ることで、生き残っていけるのです。

>>Ex.17

自分が雑誌を買うときの気持ちを思い出してみる。表紙だけで写真週刊誌を買ったり、特集記事に惹かれて月刊誌を買ったとしても、きっと隅々まで目を通すはず。そして、ちょっとした小さなコラムや期待してなかった知識などを仕込み、最終的に「面白い雑誌だった」となることが多い。インパクトで買って細かいところまで見せる。そして全体が評価される。この流れを忘れない。

真面目と狂気

第2章・3・d

ひとつの企画の中に、真面目な部分と狂気の部分を共存させる、というのも企画を魅力的にする要素です。真面目なだけでは見向きもされないし、狂気だけでは顔をそむけられてしまいます。その両方が「どっちつかず」にならず、いい具合に現出すると、人は「なんだこりゃ？」と目をとめてくれるのです。（>>Ex.18）

｛真面目な部分と狂気の部分｝

感動モノの映画が観たいと思っても、文部省推奨の映画は最初から観たいとは思えない。斬新な映像だけでストーリーが難解な映画も、やはり観たくない。真面目なだけ、狂気なだけでは訴求力は小さい。

このふたつの両極端な要素は「常識と非常識」と読み換えてもいいかもしれません。

Mr.Childrenの桜井氏の魅力も、真面目と狂気、ではないでしょうか。表情のすべてが綻《ほころ》んだような笑顔と、狂気に満ちた歌い方は、目が離せなくなります。

｛Mr.Children｝

大人の敬称である「ミスター」と、子供の意味の「チルドレン」を合わせたグループ名もまた、象徴的。桜井氏がリスペクトするエルビス・コステロも、やはり真面目さと狂気が同居する個性的なミュージシャン。

歌詞にはもっと端的に、真面目と狂気の共存が表れています。『旅人』の「安直だけど純粋さが胸を打つのです／分かってながら僕は猥褻《わいせつ》」という歌詞。だれでも『千と千尋の神隠し』を見て涙する部分と、もし頭の中を覗かれたら懲役をくらうくらいの猥雑な想像力を持っています。人は、そういう真面目と狂気を常に内包しているものなのです。

そして、そのことを指摘し、表現してくれるモノを無意識に求めているようなのです。だから、ときに痛烈な皮肉が織り込まれるなど、毒のある桜井氏の歌詞なのに、多くの人が共感するのです。

『学校へ行こう!』の「未成年の主張」コーナー

「あなたは真面目ですね」と言われれば「そうでもないんですよ」と、「あなたには狂気がにじんでますね」と言われれば「失礼な!」と、片方だけを指摘されると、人は否定したくなるものです。つまり、指摘されていないほうの自分を大事にしたい気持ちが、瞬間的に湧き起こってくるのです。

しかし、両方をアピールすることによって、キャラクターの存在はリアルさが増し、身近になった分、多くの人たちに受け入れられるのです。

それは、対人関係だけではなく、企画でも同じコトです。真面目に機能を追求しつつも、妙にこだわった狂気的な部分も持ち合わせる。そんなことが必要なのです。

>>Ex.18

『学校へ行こう!』 番組内のコーナー「未成年の主張」で、子供たちに「自分の言いたいこと」を自由に発言させるという「真面目」なスタンスに、それをわざわざ屋上の縁から叫ばせるという「狂気」なスタンス。その融合が「なんだこりゃ?」という面白さになっている。

愛着感と優越感

第 2 章・3・e

女性向け、と限定しないモノでも、企画の中に漂う可愛らしさは大事です。

可愛らしさとは、ピンク色をしているとか、丸みを帯びているとかのファンシーさのことではありません。例えば、携帯ストラップ。シャープなモノやシンプルなモノもあるのですが、基本は「小物である」とか「何かを飾る」という、そのアイテム自体に漂う可愛らしさが、性別年齢を問わず広く浸透している理由でしょう。ちょっとした「お気に入り」を探す感覚で、みんな携帯ストラップを買い求めているのです。

その可愛らしさが愛着感になり、他の企画よりも好印象を抱いてもらえる可能性が増えるのです。

愛着が湧く、というのは1対1の関係でしか起こらない感覚です。ですから、その企画に愛着感を感じてもらえた時点で、受け手との距離は、確実に縮まったといえるでしょう。(>>Ex.19)

{ 愛着感 }

自分の企画だけでなく、自分という人間に愛着感を持ってもらうことも大事。会議などで非常に役立つ。
>>P160

>>Ex.19 普段見慣れているデジカムの画質（プライベート感もある）に、大物が登場することで、親密度がぐっと上がり、番組に対する愛着感も湧く。

● 携帯ストラップへの「愛着感」

いくつかの可愛らしさが
心をくすぐると愛着感となる

値段が安い
コレクションアイテム
気分で変えられる
＋ 小さい
→ 可愛らしさ

愛着感

● 優越感

「自分はみんなとは違う」という気持ちを心地よくくすぐってあげる

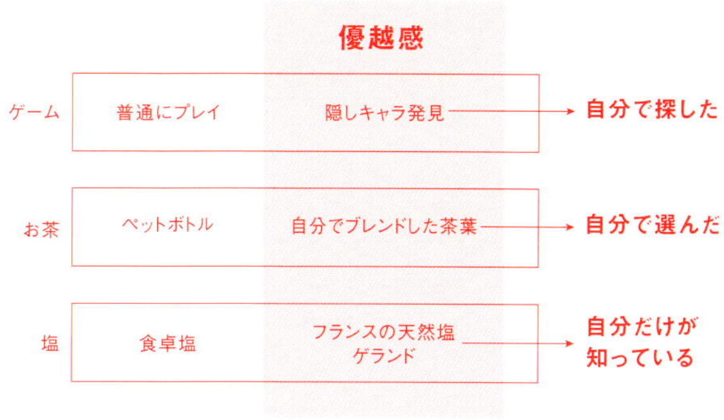
優越感
ゲーム
普通にプレイ
隠しキャラ発見
自分で探した
お茶
ペットボトル
自分でブレンドした茶葉
自分で選んだ
塩
食卓塩
フランスの天然塩
ゲランド
自分だけが
知っている

一方、この愛着感と非常に密接な関係を持った感情として、優越感、というのがあります。

{優越感}

気持ちよく、優越感にひたらせるためには、比較対象との差別化をはかる必要がある。比較対象をけなすのではなく、比較対象にプラスする感覚。

テレビゲームの隠れキャラを探す、ペットボトルのお茶よりも、お茶っぱを自分でブレンドして飲む……。簡単にいえば、それが優越感です。「多くの人は存在を知らない。自分だけが楽しい」という気持ちよさが隠れキャラを探させるのですし、「どっちかっつーとこっちを選ぶかな？」という、選択をする気持ちよさがブレンド茶を選ばせるのです。そこに、優越感が存在しています。

みんなが納得してるお仕着せ、ではなく、あくまでもコレを自分が選んだ、という気持ち。それが「自分はみんなと違うわ」という優越感に育っていくのです。裏側にある「あんたたちには分からないでしょ？」という、ちょっとイヤミな気持ちすら、くすぐってあげることで、受け手の優越感は育っていきます。(>>Ex.20)

>>Ex.20

『古畑任三郎』『刑事コロンボ』両シリーズは、主人公にすら分かってない犯人や、その手口を視聴者だけが分かる。神の目線。これは優越感だといってもいい。しかし、最後にはその視聴者も気が付かなかったような「ミス」に主人公が気が付いて、事件が解決する。気持ちよく裏切る、という要素も含んでいる。

第2章 4 企画をブラッシュアップしよう

「企画をつくる」というと、思いつきやアイディアを積み上げていく作業ばかりに目がいくモノです。
事実、ここまではそういう部分だけについて語ってきました。
しかし、同じくらい重要なのが、自分の企画を自分で検証する、という行為です。
自分ダメ出しです。「とりあえず出してみました」というような企画では、
誰の共感も呼べないですし、第一、自分が納得できないはずです。
検証をすることで、企画はブラッシュアップされ、さらに完成度の高いモノになっていきます。
「ここで手を抜くと、一気に3流企画に落ちてしまう」という危機感を持ちつつ、
自分に厳しく、チェックしていきましょう。
また、この項で触れる思考経験は、きっと次の新しい企画の源にもなるはずです。
もちろん、コツはありますのでご安心を。

もう一度、初期設定を思い出せ

第2章・4・a

第1章で触れた「初期設定」に立ち返ることが、ここでももちろん大きな役割を果たします。出来上がった企画（あるいは、頭の中にある漠然とした企画）が、自分のそもそもやりたかったことなのかどうか、をもう一度考え直してみましょう。（>>P.28）

条件をクリアすることばかりに目を奪われて、自分が何をやりたいのかを見失っていないかどうか。煮詰める作業に没頭して、妙な結論になっていないか。それを検証してみましょう。

煮詰める作業

この作業が得意な人は「こうすればいい！」「こんなコトを付加しよう」などアイディアが豊富に湧く人だといえる。しかし、そのドライブ感に酔ってしまい、結論が明後日の方向に行ってしまうことも。頭の回転の速い人こそ、要注意。

やりすぎ、空回り、美しくない無駄、などなど。今

まで目にしてきた商品、映画、テレビ、イベントなどで、あなたが不快感を感じたモノや共感できなかったモノのいくつかは、きっと、この「初期設定」に立ち返ることをしていないモノではないでしょうか？ それらを再認識してみるのも、自分の企画をブラッシュアップするのに有意義でしょう。

ナイフで切って検証する

第2章・4・b

企画を検証する、といってもピンとこないかもしれません。ここでは、検証作業をナイフで切るようなイメージで進めてみましょう。

{ナイフで切る}

ナイフの数が多いほど、企画の精度が高まっていく。さまざまな企画を立てていく中で、自分なりのナイフをつくれると最高。

ナイフとは、検証すべきキーワードです。「振り幅」というナイフで切って、「この企画には振り幅は存在しているかな？」と切り口を確認するイメージです。そこでオッケーならば、続いて「時流」というナイフで切り、また「普遍性」というナイフで切ります。

2-3で触れた5箇条は、必ずすべて企画に入れましょう。もし、ひとつでも不満足な部分があったら、そこで妥協をしてはいけません。修正をすることが必須です。そうしなければ、ブラッシュアップしたとはいえないからです。

「足りないのはここだけ」は言い訳でしかありません。足りない部分を埋めなければ、企画が実現した際に、どこかで必ず破綻してしまうのです。

　妥協した瞬間、それは企画を降りた瞬間だといえます。企画者が自分の企画をなめた瞬間、その企画は愛される資格を失います。

【愛される資格】

常に自分を卑下するような異性には、魅力を感じられないモノ。好まれるタイプとしてよく聞く「夢のある人」「頑張ってる人」とは、自分をきちんと省みて努力している人に違いない。

　この、ナイフで切る作業を経ていない企画は、誰が見てもアラが目立ちますから、そうそう受け入れられることはないでしょう。

　もし、途中で「この企画はこの部分がダメだ」と気が付いたら、早め早めにOKな部分まで戻ってくることを心がけましょう。もったいなくても、ダメな部分は切り捨て、そこからやり直して企画を修正しましょう。

　戻る勇気、捨てる勇気を持つことが大事です。

● 検証ナイフ一覧

この表を見ながら、改めて自分の「企画」を検証してみること

□ **特性**	その業界の特性を利用しているか？
□ **振り幅**	ありがちなスタートとエンディングになっていないか？
□ **普遍性**	誰にでも愛される企画か？
□ **やられた感**	楽しい意外性を持っているか？
□ **時流**	今の時代の匂いがするか？
□ **そりゃそうだ**	ありそうでなかったものか？
□ **キーワード**	その企画をひと言で言い表せるか？
□ **看板と中身**	メインの他に強力なサブはあるか？
□ ……	……
□ ……	……

検証ナイフは多ければ多いほどよい

自分会議開催

第2章・4・C

自分でつくった企画を、もう一度自分で検証するのは、なかなか難しいものです。なぜなら、つくった自分の人格と検証している自分の人格が、同じだからです。そこで、別人格を呼び出して、頭の中だけで「自分会議」を開催してみましょう。

そんなこと無理だ、と思わないでください。「真面目と狂気」の項でも触れたように、人にはたくさんの面を内包しています。(>>P.86)強がりなところと弱気なところは必ずありますし、マメなところとずぼらなところだって共存しているのです。ですから、この「自分会議」には、自分の中にある“企画会議に向く人格”を、意識的に登場させましょう。

「自分会議」に向く人格はいくつかありますが、ブラッシュアップに一番必要なのは、計算高い人格です。企画についての善し悪しではなく、あざとく「売れるか売れないか」を計算するような、そんな冷静な人格です。せっかくの出来の良さも、売り物にならなければ受け手まで届くことがないからです。

自分会議を開催したときには、開き直って計算高い自分に、大いに発言させましょう。

{自分会議}

一見ばからしいと思っても、必ずきちんとやってみる。自分が企画について抱えている不安な点や疑問点が明確になるし、新たな発想と結びついたりする。

こうして「自分会議」は続いてゆく

他人を使って検証する

第2章・4・d

人は、考えを口にすることで、頭の中身が整理されるものです。選ぶ言葉にしても、違う言い回しを使ってみたりすることで、より洗練の度合いが高まることもありますから。

また、話す相手が身の回りの信用のおける人物でも、その人がイエスマンだったら、意味がありません。自分でも「弱いかな、この部分」と漠然と思っているところを、容赦なく突っ込んでくれるような人に話す

{ イエスマン }

同性の友人は表面的な付き合いのときにイエスマンになりやすく、異性の友人は下心があるときにイエスマンになりやすい。

ことが大事です。それがなくては、検証にならないからです。

大まかな企画の流れが見えてきたら、ある程度推敲し、シミュレーションしてみるのも有効です。その際、前述の信頼できる人物を使って実験してみてもいいでしょう。すると、思いもつかなかった企画の落ち度が見えてくるのです。(>>Ex.21)

>>Ex.21 『自分電視台』番組ADに試させたが、「自分を画郭から外さない」と注意しなかったため、延々とコーヒーを映すつまらない画像になった。

土壇場で生まれる

第2章・4・e

万全の態勢で企画会議に臨むのは、確かにベストです。しかし、企画会議の開始ギリギリまで粘ってみることも大事です。会議開始10分前に思いついた企画のほうが、すんなり通る、なんていうことも多いのです。

また、思いついてしまったアイディアでも、企画書に書く直前に「いや、コレはないよなあ」と、自分で照れて自分で却下することがあります。しかし、そんなボツ企画にも、ただ捨てるには惜しい要素があったりするのです。

{照れ}

自分を客観評価できない場合に、照れてしまうことが多い。謙遜しすぎず傲慢にならず、自分の魅力や意見を客観的に判断できれば、照れることも少なくなるハズ。

土壇場まで、とにかく頭の中身を絞り出す姿勢を持つことにしましょう。

この章のまとめ

企画立案のための必須事項は、一見難しいようで、

実は簡単だということが分かったのではないでしょうか。

自分自身に妥協をしないで取り組み、

なおかつ企画立案を楽しめれば、

他から一歩抜きん出た企画が出来上がるのです。

ヒット企画の裏に隠されている要素や、

それをどのように取り入れたらいいのか。

この章では、

そんな企画立案のための実際的な「コツ」をご紹介してきました。

言ってしまえば、ここまでで企画はできたも同然なのです。

しかし、最後に検証することの大事さに触れたように、

企画とは、でき上がったからオシマイでもありませんし、

また違った方向からアプローチができるモノなのです。

番組解体新書《ターヘル・アナトミア》

「おちまさとの番組はなぜヒットするのか——」
そこに隠された「企画脳」の推移を徹底分析する

2 『百萬男』

2001年4月～9月放送 フジテレビ系深夜

記憶 >>P.56

テレビで何かを達成して
賞金として100万円もらうのは普通
>> もらった後は？

記憶

映画『ニック・オブ・タイム』での
タイムリミットのドキドキ感
>> 制限時間ものは面白い

記憶

筒井康隆のファン
>> 一緒に仕事をしてみたい

記憶

「金は人を変える」という
>> いくらなら変わっちゃうの？

普遍性 >>P.71

お金

企画・演出・プロデュース：おちまさと
街行く人々の中から無作為に選んだ1人に突然100万円を手渡し、5時間という制限時間内にすべて使い切ってもらう番組。ただし、金は自分のためにしか使えず、貯金や借金返済、ギャンブルはNGで、使い切れなければ全額返済。金の魅力に我を忘れる者や恐くなって結局全額返済する者、堅実に自分に投資する者など、金を前にしてあらわになる本性が見どころである。

演出 >>P.82

ドキュメンタリー風に出演者のナレーション

優越感 >>P.88

自分だったらもっと上手くやれるのに
と視聴者が思える

「なぜ、その商品がヒットしたのか――」
その原因と匠の技をおちまさとが徹底解明する

シビれるぜ！
ヒットのコツ

新横浜ラーメン博物館　2

いろいろ行かなくてもあの名店もこの名店も

❶ 潜在的ラーメンオタクのために

今や、テレビのラーメン特集は手軽に視聴率を稼げるアイテム。ラーメンは本当に巨大なマーケットになっている。しかし大多数の人々は、ラーメンは好きだが自分で食べ歩いていい店を探すほどではない。そんな『潜在的ラーメンオタク』のニーズを満たすため「ならば美味しいお店をまとめてしまいましょう」という企画だ。

● 施設名：新横浜ラーメン博物館　● 開設時期：1994年3月　● 入場料：おとな300円　こども100円　「全国各地のラーメンを、飛行機に乗らずに食べに行ける」をコンセプトに、各地の名店が集結。名店の入れ替わりもある。

❷ 非日常の世界

ただ美味しいラーメン屋を集めただけでは、集客力としてはイマイチだし、第一面白くない。わざわざ足を運んでくるからには、お客さんは「非日常」を見たい。「ラーメン」という日常的世界のアイテムを、非日常の世界に昇華させるために、建物自体を『昭和』というテイストでまとめてしまった。そこで徹底的にお客さんを催眠術にかけてあげる。ラー博の中では、お客さんを物語の主人公にさせるのだ。そのための徹底したこだわりが、ラー博を「お客さんのためのセット」にしているのだ。

❸ ラーメンをプロデュースする

舞台装置としての昭和テイストの中に店舗を置くことで、誰もが認知する「国民食ラーメン」を食べるという行為が、非日常世界へ「旅行をする」という価値を得た。ラーメンに新しい価値を付加し、新しい魅力を引き出した。いわば「ラーメンをプロデュースする」ことに成功したわけだ。非日常をプロデュースしたその場所でなら、お客さんも行列に並ぶのだって退屈じゃないだろう。

おちコメント

ディズニーに始まって、テーマパークには背景にあるテーマとストーリーが大事なんだよね。ソフトの充実がカギだ。

第 3 章__マーケティングに負けない

現代消費社会では、マーケティングは必要不可欠なモノとなっています。
それは、より多く消費されたものが「良いもの」として認められるからです。言い換えれば、
マーケティングという尺度でしか物事を判断できないほど、
この社会は複雑化しているのだといえるでしょう。そこに異論を唱えても仕方ありません。
しかし、企画がマーケティングに振り回されるのは愚の骨頂です。
その他大勢的な企画から抜け出し、自分の企画を成功に導くためには、いかにクールにマーケティングと接するか、
マーケティングを自由自在に使いこなすかが、大きなポイントとなります。
マーケティングという怪物の鼻ヅラを押さえ込む、腰の強い企画の立て方を考えてみましょう。

1 第3章 マーケティングとは何か

マーケットとは市場のことをいいます。商品なら消費者ですしテレビなら視聴者、のことを指します。そしてマーケティングとは、特定のマーケットで有効であった手段を分析し、その傾向を探ることをいいます。それは「何が喜ばれるか」というサービスと、それに対してどのくらいの対価を支払うかという対価行動をとらえたモノだといえるかもしれません。このようなことは、今までも多くのビジネス書で論じられてきたことなので、みなさんご存じでしょう。しかし、当たり前のことなのですが、そんな定義では語れないのも、またマーケティングなのです。まずはそんなマーケティングのとらえ方をとっかかりにして、考えてみましょう。

マスとミクロの関係

第3章・1・a

マーケティングに関して最も注意を払わなくてはいけないのは、「マーケットとはミクロの集合体だ」ということです。個人というミクロが集まり、マスであるマーケットを形成しているのです。ミクロ同士がどう関わり合っているのか、どうすればミクロ（個人の心）を取り込みつつマス全体をターゲットにできるのか、が問題になってきます。

例えば、予測されるマーケットが100万人だとしましょう。まず、そんな100万人を想像してみてください。もしも想像の中で、それがスタジアムの観客席に座ってるような「群衆」として思い浮かんでしまったら、要注意です。ひとりひとりの顔がぼやけ、ひとまとめ

マーケティング

マーケティング戦略で有名な理論に、マーケティングミクスがある。売り手側の4P、すなわち、製品（product）、価格（price）、流通チャンネル（place）、販売促進（promotion）に、いかに効率的にコストをかけられるかを検討するのが、マーケティングには有効だとするもの。

● マスとミクロの関係

マスは個（ミクロ）がかたまったもので、最初からマスとして存在するのではない

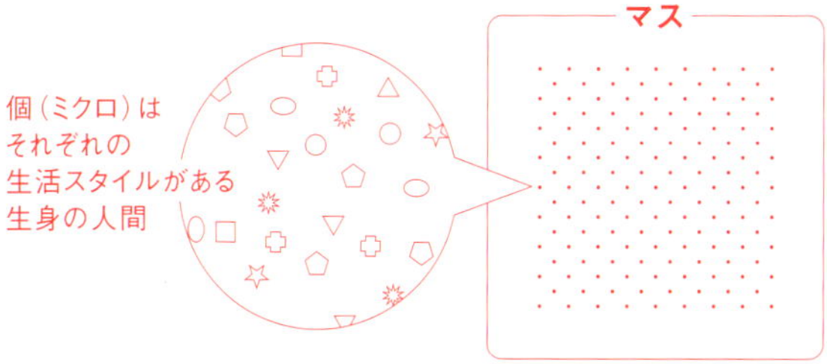
個（ミクロ）は
それぞれの
生活スタイルがある
生身の人間
マス

に「100万人」と考えてしまった時点で、あなたはマーケティングからかなり遠い位置にいるといえます。

　100万人は、あくまでもそれぞれきちんと個を持っている「人間」の集まりです。会社に通い、恋愛に心ときめかせ、田舎の両親のことを心の片隅で心配し、生ゴミを出し忘れたりする、「生活人」なのです。ですから、100万人はそれぞれ違ったシチュエーションで商品に接しますし、購買動機も多様であって当然なのです。

　マスは、ミクロが集まったモノで、最初からひとかたまりのマスではないのです。まずは、この点を肝に銘じておきましょう。

逆の考え方もできます。

　よく耳にするフレーズとして「みんなが言っていたよ」というのがあります。こんな発言は、もとを正せば、ただ昨日行ったのみ屋のおじさんが言っていただけの超個人的発言だったり、会社の同僚がた

またま3人だけ言っていたような、とても少数のサンプルのお話だったりするのです。個人の意見は大事なのですが、それを何の根拠もなく「みんなの意見」にすり替えてしまうと、大変なことになります。ときには、大規模な数の意見集約も必要です。

また、その時どきによって、マスの「肌触り」を明確にとらえておきましょう。例えばラジオなどは、マスメディアでありながら、個人同士で電話をかけて話している感覚が強いパーソナルなメディアです。音、画像、そして文字と、情報量の多いテレビとは違い、訴えかける距離感が近いから、そう感じるのでしょう。このように、マスメディアだからこう、といった単純な尺度でマーケットを測っては危険なのです。

{ 少数のサンプル

「類は友を呼ぶ」というのは、かなり真理を突いていることわざ。自分の身の回りには、どうしても似たような背景・思想の人間が集まりがち。まったく違う世界に飛び込む必要がある。ここ半年で、カルチャーショックを受けた覚えがないなら、要再考。

ミクロを撃ってマスを制す

第3章・1・b

とはいえ「ヒット」とは、確実にマスに対して訴えかけた結果です。そこには、どんな仕掛けが隠されているのでしょう？

例えば、サザンオールスターズやMr.Childrenの歌、あるいは村上春樹の小説などは、ヒットになりますし、それが長い間持続します。こういうベストセリングを

「ミクロを撃ってマスを制す」のがスターの条件

マークするモノには、「このフレーズに心酔した！」「何で私の気持ちをこんなに分かるの？」などといった、マス向けでリリースされているのに、まるでオーダーメイドのモノのように感じさせ、受け手に特別な好意を抱かせる、そんなポイントが押さえられているのです。「このアーティストはオレがいちばん理解できるんだ」みたいに、ファン同士がケンカするほどの強い思い入れが起きる、そういう現象を指して「ミクロを撃ってマスを制す」といいます。

そのポイントを目指してこそ、真の企画者である、といえるでしょう。

マスを制するだけなら、誰にでもそこそこ好まれるモノを大量に露出すればいいでしょう。あるいは、流

{ミクロを撃って マスを制す}

隣にいる人と同じコトをする「安心感」と、お仕着せに対しての「アンチな気持ち」を、人はみな同時に持っている。その矛盾した気持ちを汲み取る。大量消費者の一員であることを自覚させない、オンリーワンな香りのあるモノが、結果的には大量に売れる。

行だけを意識してそのとき限りのヒットを狙う一発屋になればいいのです。しかし、それでは心に残るモノは生まれないでしょう。本書の意図から外れてしまいます。

逆に、ミクロしか撃たない方向に進むとなれば、毎年友人に自作の皿5枚を配って満足してしまうような「自称陶芸家」になってしまうのがオチです。それでは、企画もへったくれもない趣味のスタンスになってしまいます。

どうせ企画を立てるなら、ミクロに強烈に好まれながらも、きちんとマスにも受け入れられる、そんな企画を目指すべきです。

「ミクロを撃ってマスを制す」ための絶対的なノウハウは、存在しないのかもしれません。しかし、実現するための足がかりになるポイントはいくつか存在しています。それらについて、次項より解説していきます。

{ミクロしか撃たない}

大型書店の雑誌コーナーで、専門雑誌の棚を見てみる。雑誌の存在はおろか、そういうジャンルが存在していたことすら知らないような、コアな世界が展開されている。ランダムにページを開いて、3箇所以上意味不明の専門用語を見つけられたら、それがミクロの証。「知る人ぞ知る」という台詞は、本書では不要のモノ。

● マスとミクロとヒットの関係

個人を撃ち、マスにも支持されるものがベストセラーとなる

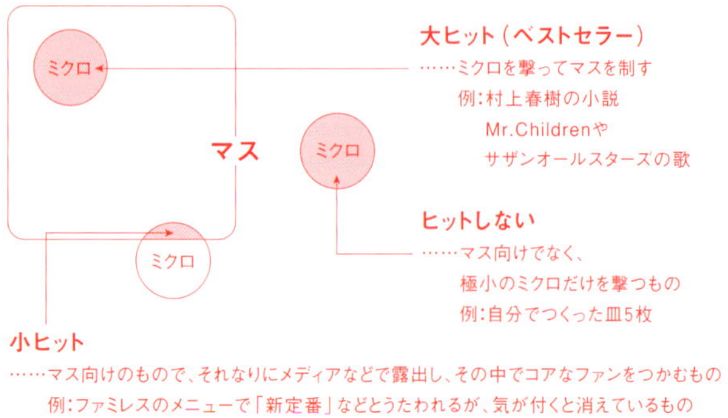
ミクロ
マス
ミクロ
ミクロ
大ヒット（ベストセラー）
……ミクロを撃ってマスを制す
例：村上春樹の小説
Mr.Childrenや
サザンオールスターズの歌
ヒットしない
……マス向けでなく、
極小のミクロだけを撃つもの
例：自分でつくった皿5枚
小ヒット
……マス向けのもので、それなりにメディアなどで露出し、その中でコアなファンをつかむもの
例：ファミレスのメニューで「新定番」などとうたわれるが、気が付くと消えているもの

マーケティングにおける普遍性とは

第3章・1・C

マーケティングから読み取れるキーワードとして、第2章でも触れた「普遍性」というモノがあります。普遍性を上手くアピールすることで、マーケットの中核を成す「人々」は安心感を抱きます。

ニュースなどのマスメディアでは、最近の若者を取り扱うとき、「キレる17歳」であるとか「今の若いヤツは最悪だ」などという切り口を盛んに使っています。ニュースであれば、そんな強いインパクトを得られる切り口もアリでしょう。しかし、企画立案という立場を考えるなら、そんな「危機感をあおる」ような切り口だけに飛びついてはいけません。

逆に企画だからこそ、普遍性のアピールが効果的なのです。今の子供の中にだって、お年寄りをおぶって信号を渡る子もちゃんと存在する、という普遍性を中心に据えるほうが、より効果的なのです。なぜなら、そういう普遍性を企画の中で見せてあげられれば、人は安心しますし、安心させた上ならば「だからこうなんだ」という、あなたの意見を反映させた企画が受け入れられやすいのです。

「若者はキレやすくて怖いよ」とあおって中高年向けに護身グッズを企画するのと、「まっとうな青年のほう

{ キレる17歳 }

ニュースでしきりに報道されている若者の凶暴化。しかし、10～20代の殺人率は、戦後最低レベルになっており、諸外国と比べても傑出して低い、といったデータもある。

いつの時代にも、いい子はいる

が多いんだ」と言った上でそんな彼らを応援する良心的な商品を企画するのと、どちらに普遍性があるでしょうか？

わざと溺れさせて浮き輪を売りつけるような商売は、企画者のスタンスとして2流以下だ、と本書では考えます。

普遍性を企画に取り込むことによって、ターゲットになり得る人の絶対数が増えるのも、当然です。そのターゲットたちがすべて自分の企画に食いついてくれるかどうかは分かりませんが、少なくとも「商品を買ってくれる、イベントに参加してくれる、プロジェクトに賛同してくれる」可能性はあるわけです。これを「分母を広げる」といいます。

日本なら、最大で1億3000万人を対象にできる、巨大なマーケットがそこに存在することになります。

>>Ex.22

映画『時計じかけのオレンジ』は、暴力という普遍性をテーマにして、公開当時の流行ではないファッション性で味付けをしている。３００４年に「新作だ」と言って公開しても、きっと鑑賞に堪えうる作品だ。

［分母を広げる］

訴求対象が大きければ、利益も大きいのは自明の理。大きな訴求対象を探すのは一般的だが、対象自体を大きく設定することはないがしろにされがち。このことを意識的に実践できれば、新展開が望めるハズ。

マーケティングに普遍性を取り入れることは、それだけ重要なのです。(>>Ex.22)

大ブームとなっている『ハリー・ポッター』シリーズ

サエない少年が魔法の世界ではヒーローになる、という『ハリー・ポッター』シリーズは、書籍、映画とも近年まれに見る大ヒットとなりました。この作品の根底には、誰もが持つ「こうなれたらいいな」という夢や、冒険へのドキドキ感という普遍的なツボが、非常に高い完成度でちりばめられているからだといえるでしょう。

このような普遍性を持った企画に触れると、人は感動したり喜んだりします。あなたはそのとき、それが例え世界的なヒット企画であったとしても、きちんと嫉妬を感じるべきです。「こんなすごいことをやっている人が、他にいるじゃないか！」と。それが、自分の企画に対する妥協をなくすスタンスでもあります。畑違いだからなあ、というのは、単なる言い訳です。

後進に大きな影響を与えるような仕事をして、初めて「企画をやった甲斐がある」というものです。

｛嫉妬｝

あくまでも「うらやましがる」ではない。根本に「同じ人間なんだから、私にもできるはずだ！」というスタンスで、健全なジェラシーを感じることが重要。それは上昇志向と言い換えてもいい。「いいなあ」ではなく「ちくしょー！」なのだ。

練習問題

Q1. 中島みゆきの『地上の星』の歌詞に見られる普遍性を抜き出し、その理由を述べなさい。

Q2. 今もてはやされていて、しかし半年後には恥ずかしくなってしまうであろう商品を指摘しなさい。

2
第 3 章

マーケティングの危険性とその回避法

どこかの誰かが始めたマーケティング至上主義。
今ではそれが、さも当然のような顔でまかり通っています。
しかし、本当にマーケティングはそんなに無敵なのでしょうか？
単なる「利用すべき便利な道具」なのではないでしょうか？
マーケティングと企画は、確かに密接な関係にあるといえます。
しかし、マーケティング主導では、企画の可能性におのずと限界が訪れてしまうのです。
企画を立てるときに、うっかり陥りやすいそんな落とし穴を検証しつつ、
その穴をまたいで進む方法を考えていきましょう。

マーケティングに溺れるな

第 3 章・2・a

マーケティングは、純然とそこに存在しています。それは、とても説得力があり、はみ出すことを許さない、鉄則のように思われます。しかし、マーケティングとは依存に値するような権威ではなく、単なる武器でしかありません。

今はこれが流行っているから、この世代にはこれが受けるから、そういうデータだけで企画が出来上がるとしたら、データをぶち込んだコンピュータが企画立案を請け負えばいいのです。しかし、それではあまりにも中身がないであろうことは、簡単に想像で

モルモットの自覚……

きます。

ですので、マーケティングに対するとき、忘れてはいけないことは「疑う」ことです。どんなに大規模で緻密なマーケティング調査だとしても、人は何か意見を求められたとき、知らず知らずのうちに身構えてしまうものです。心のどこかしらに「モルモットの自覚」が生まれてしまうのです。表紙が立派なリサーチ会社のレポートを鵜呑みにしてはいけません。

酒は飲んでも飲まれるな。マーケティングに対するスタンスだって、同じなのです。

｛モルモットの自覚｝

意見を求められたり、判断に困るような質問をされたりしたとき、人は無意識に相手の気に入る返答を用意してしまう。人を不愉快にさせたくないという感覚は、かなり強烈。口げんかで、咄嗟に言い返せないのも、似たような感覚。

体温のないマーケティング

第 3 章・2・**b**

前項aで触れたように、人の本音はなかなか現れてこないものです。

確かに数字は読み取れます。でも、そこにあるのはあくまでも数字です。つまり、いわゆるマーケティングには、体温がないのです。

例えば、よく目にするどこかの県の、観光CMを思い出してください。美しい自然やら温い人情やら、どこにでもあるモノをおざなりに羅列して、最後にベタなキャッチフレーズを叫ぶだけの凡庸な出来ではないでしょうか。また、カラオケボックスの壁にある「ブラックライトで浮かび上がる絵」というのも、かなり脱力。「ブラックライト、流行ってるんでしょ？ んじゃあ、どうせ暗くするし、壁に宇宙の絵でも描けば喜ばれるんじゃない？」と、そんな適当な考えから出てきてしまったことが簡単に想像できます。

これらの、あからさまにダメな企画には、おざなり感が強く漂っています。そして受け手は、とても敏感にこのおざなり感に反応してしまうのです。(>>Ex.23)

受け手の明確な需要がないのに、送り手が勝手に「こんなもんでいいでしょ」と思いこむ、これこそが体温のないマーケティングなのです。

>>Ex.23
テレビのバラエティ番組で、マーケティングの結果から視聴率が取れる要素といえば、再現ドラマ、動物、料理などが挙げられている。しかし、要素の羅列で番組を作っても、そこに体温がないので、失敗する。短命だったバラエティ番組は、ポリシーも何もない要素の羅列番組であった可能性が高い。

「私は分からないけど、若い人はこういうのが好きなんでしょ♡」

おばちゃんが「私は分からないけど、若い人はこういうの好きなんでしょ？」と、近所で買ってきた甘いだけのケーキを出す感じです。受け手は苦笑いしかできなくなる、あの息苦しい感じなのです。

05

例えば、小学生の女の子を取り込みたい番組を、企画しなくてはならないとしましょう。小学生女子をスタジオに集めて何やらわーわー騒いだり、小学生モデルを呼んできて「こんな子可愛いでしょ？

こうなりたいでしょ？」みたいな番組をつくったとしても、それはきっとヒットに繋がらないでしょう。なぜならば、そこに「小学生女子の体温」がないからです。子供たちは、テレビに出ている同年代の普通の子供が大嫌いです。子供は、大人が自分たちをなめて「こんなもんで喜ぶだろ、子供は」という姿勢でいることを、とても敏感に感じ取ります。

{ 体温 }

ユーザーが最終的にどんな形でそれを受け取るかを考えるための重要なキーワード。「リアルさ」もほぼ同義。

自分が子供の頃を思い出しても分かると思いますが、子供だからこそ、大人の視線でモノを見たがっていたはずです。お笑いのテレビを見ているときでも、かなり冷静に「これからは志村の時代だな」とか、いっぱしの目線で評価していたはずです。無邪気に同年代の子供を見て喜んではいなかったはずです。

そういう「子供の体温」を忘れて、頭でっかちにマーケティング先行で企画をつくると、当のメインターゲットにそっぽを向かれてしまいます。

● マーケティングにおける体温

「なんとなくのイメージ」には体温がない

体温がない	体温がある
頭の中にある なんとなくのイメージ	街角で誰かが 言っていたこと
子供は子供が好き	子供は、冷静な視線で 同年代を見ている
カラオケにはお手軽な ブラックライトが似合いそう	安っぽいインテリアなら ないほうがマシ

体温のあるマーケティングをするために

第3章・2・C

では、個人の体温を含めたマーケティングは、どうしたら実行可能なのでしょうか。それには、街に出て、年齢性別関係なく人と触れることです。

その際、目線を引き上げずに話をしてみることがコツだといえるでしょう。「何が流行ってるの？」なんて聞き方は、フランクで直接的で、一見有効な話題のようですが、そんな聞き方では相手が構えるに決まっています。こちらが聞きたいことだけを聞こうとすれば、そこには初めから偉そうな態度が見え隠れしてしまいます。

相手の日常に興味を持ち、こちらの日常を面白く話す。そんな普通のやりとりで世間話ができれば、体温のあるマーケティングとなることでしょう。

また、街行く人の不用意なひと言の裏に隠れている、いわゆる「その他大勢の意見」をすくい上げることにも留意しましょう。漫然と時間を過ごすには人生は短すぎるのですから。(>>Ex.24,P.30 ダイナマイト休暇)

>>Ex.24

『進め！ 電波少年』 首相候補レースに出る前の亀井静香氏に、アポなし取材を敢行。「子供は分かってくれるのか？」と不安だったが、街で女子高生が「亀井静香って超オモシロイよね～」と、普通のトーンで友人と話しているところに遭遇。「あ、面白ければいいんだ」と実感。

リアルさを加えるには

第3章・2・d

かといって、常にそうしたリアルな意見を集約する時間があるとも限りません。通常のマーケティングの方法で、何とか有効な意見を吸い上げなくてはいけないときもあります。では、そういうときに、どんなことに注意したらいいでしょうか。

例えば、F1層を集めて「コスメ売り場で何を買いますか？」という聞き取り調査をするとしましょう。きっとモニターたちは、バンバン書き込んでくれるでしょう。それはそれで、ある意味有効な情報をもたらしてくれるといえます。でも、そこに隠れている「2時間も3時間もさんざん悩んで買わなかった日もある」という事実は、きっと反映されません。

{ F1層 }

20～34歳の女性、のこと。マーケティングやテレビの視聴率のキーで、消費の中心的役割を果たしているとされる。このグルーピングは、テレビ広告業界で使用され、他に、女性ティーンズ層(13～19歳の女性)、F2層(35～49歳の女性)、F3層(50歳以上の女性)がある。男性も同様に、M1層、M2層……と呼ぶ。

百貨店などのコスメ売り場で時間を過ごしたことがあれば(男性なら、不本意ながら買い物に付き合ったことがあるでしょう)、きっとそんな「迷うだけ迷って帰る」女性の姿を見たハズです。あるいは、近道をするためだけに通り抜けたときに、目の端で、口紅のテスターを自分の手の甲に塗っている女性の姿を目にしているハズです。そんな経験さえあれば、彼女たちがどんなことを考えて商品を手に取っているかを、想像することができます。そうすれば、モニター

「買わずに帰る人ばかりよ！」

に対して「買わないで帰る割合」や「迷ったあげく買うときの動機」や「買うと決めてから実際買うまでの日数」などを、質問に織り込めるハズなのです。そこから拾うことのできた回答をもとに、迷ってるお客さんに対する接客プランも練れますし、そこをターゲットにした商品開発、在庫管理もできるようになるでしょう。売れ筋の商品だけを置いても売れ行きが芳しくない理由は、そういうリアルさ、臨場感を知らないことにあるのです。

マーケティングにリアルさを加えるのは、そんなささいな経験や想像力なのです。

● ある口紅A購入者の購買動機

リアルさを加えるためには、買わなかった人たちの意見まで聞く必要がある

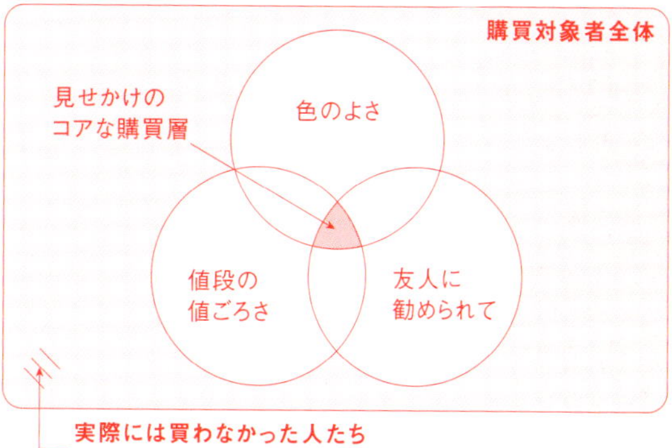
購買対象者全体
見せかけの
コアな購買層
色のよさ
値段の
値ごろさ
友人に
勧められて

実際には買わなかった人たち

買わなかった理由にこそ、改善点や次回作へのヒントなどが隠されている

{ 質問に織り込む }

インタビュアーの資質でいちばん問われるのは、「聞きたい答え」を導くための「答えやすい質問」を用意できるかどうか。直接的すぎると例外を汲み上げられず、抽象的すぎると得られる答えがボケてしまう。後で全体を再構築ができるような適切なパーツとして、回答を得る努力をする。

3 第3章 マーケティングを逆手に取ってしまおう

そこにあるなら使わにゃ損々、の心意気です。
敵にするより味方にしたら、これほど心強いモノがないのも、
またマーケティングの特徴なのですから。
マーケティングの奥から読み取らなくてはいけないポイントを解説するとともに、
それを十二分に利用して企画の質を高める方法も考えてみましょう。

マーケットをつくる

第3章・3・a

｛表面化していなかったマーケット｝

誰にでも「意外な一面」がある。他人の「それ」を知りたいと思う気持ちが「愛情」であり、知った後で幸せな気持ちになれるもの。マーケットに対しても、そんな愛情を注いで、新しい魅力を引き出す。それが企画立案の醍醐味でもある。

ここまでで、マーケットのリアルな姿を冷静に見極めるスタンスや、企画に「普遍性」を加味することで分母を広げてマーケットの拡大を図る方法（>>P.107 分母を広げる）を述べてきました。

それ以外にも、独自のマーケットをつくり出すことも可能なのです。現に、「こんなのもアリなんだ！」というような独自性のあるアイテムは、それまで表面化していなかったマーケットを掘り起こしたということですから、マーケットをつくった、といえるでしょう。

前出のカネボウフーズの「甘栗むいちゃいました」は、屋台などでしか見かけない甘栗を、手軽に食べられる形で提供することによって、スナック菓子としてのマーケットを獲得しました。栗の消費量全体からす

『学校へ行こう!』の「未成年の主張」コーナー

れば、季節の野菜として八百屋やスーパーにしか「置けなかった」今までよりも、やはり新たなマーケットを開拓したのだといえるでしょう。

あるいは、何か制限がある、縛りがあるような状況だと、新たなマーケットが生まれやすいこともあります。アメリカで禁酒法が施行されたとき、もぐりの酒場ができたように、です。不況、CDのコピーガード、喫煙不可の店舗増大などなど。身の回りの「制限」から、新たな企画を考えてみるアプローチも有効かもしれません。

{ 禁酒法 }

1920年にアメリカ合衆国で施行。酒類の元を断とうと、酒の製造と販売を禁止するものだったが、闇酒場などが横行、マフィアの財源になるなど社会矛盾が生じ、33年に廃止。

また、ひとつの企画が軌道に乗ったとき、そこには確実に広がったマーケットが生まれています。定番といわれるロングセラー商品の「季節限定バージョン」あるいは「地域限定バージョン」が、そうです。過去に買ったことはあるが別にファンでもなんでもない、という人たちを「限定」という言葉で引っ張れるのです。(>>Ex.25)

「これ一発でオシマイ」という意識でつくると、本当にそれでオシマイになってしまいます。どうせ狙うなら、長くたくさん売れるような企画を練るべきですし、そうすればおのずとマーケットも広がっていくのです。

>>Ex.25

『学校へ行こう!』「未成年の主張」で、登場する子供たちがみんな「受験なんかいらねえ!」と叫んだら、1回限りの番組になってしまう。子供たちのこんな楽しい一面を見せられますよ、というお誘いになり得るコーナーだから、回を重ねるうちに、学校側は気持ちよく屋上を開放して協力してくれる。

マーケットから嫌われないために

第3章・3・b

マーケットは常にシビアです。流動的ですし、シロクロもはっきりつけようとします。

そんなマーケットから嫌われないためには、こだわりは持つけれどサービス（>>P.128 サービスをしよう！）を忘れない、ということが肝要なポイントとなります。（>>Ex.26）

こだわりだけを突き詰めて企画を練るなら、それはマスターベーションでしかありません。自己満足を人様に見せることは、企画とはいえません。逆に、こだわりのかけらもない、サービスしかないような薄っぺらな企画だと、共感も応援も受けられないモノになってしまいます。いかにも「おもねっている」ような企画は、マーケットに馬鹿にされてしまいます。

ひとつだけでもこだわりを見せられれば、他は譲歩するなどのバランス感覚

● **マーケットが求めるもの**
こだわりとサービスとがバランスよく
組み合わさっている必要がある

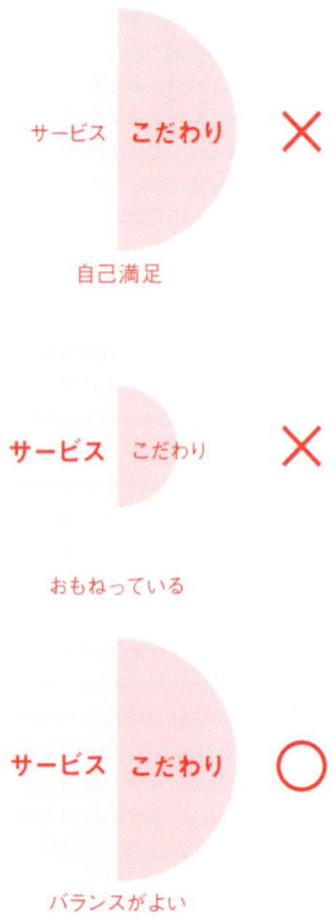
サービス
こだわり
×
自己満足
サービス
こだわり
×
おもねっている
サービス
こだわり
○
バランスがよい

>>Ex.26　『仕立屋工場』　洋服を見せたい、が「こだわり」。「サービス」は、勝負の行方のドキドキ感、深夜番組に似合わぬビッグタレントの出演、ハプニングの面白さ。どちらかに偏りすぎたのでは、面白くなり得ないし、つくり手も満足できない。

“子供向けの大人服”で一大ブームとなっている「ナルミヤインターナショナル」

が必要です。そしてそのバランス感覚こそが、マーケットが求めているモノだといえます。

やりすぎ、もマーケットに嫌われるポイントです。例えば、大人向けと同様のデザイン、縫製で、大ヒットしてる子供服のナルミヤインターナショナル。従来の子供服のイメージをうち破り、「こんなものまで？」というようなファッション・アイテムまでも子供向けに売り出しています。しかし、クラッシュジーンズだけはつくっていません。それをつくってしまうと、「多少値段は高いが、新品だし仕方がない」という、買い与える親が我慢できる一線をさすがに越えてしまうからです。「クラッシュジーンズが欲しい」という子供よりも、それを買い与える「親」こそがマーケットであると冷静に判断して、そこに嫌悪感を抱かせないようにする。非常に上手くマーケットをとらえているといえるでしょう。

{クラッシュジーンズ}

以前は反体制的な象徴として「服を破く」行為が存在したが、普通の人がファッションとして取り入れてしまったがために、「パンキッシュ」という言葉すらかなり死語っぽくなってしまった。流行とは、何かを殺すパワーを秘めたモノ。良い悪いは別として。

あえて明るさを求める

第3章・3・C

マーケットに対して安心感を与えることが重要だということは前述のとおりです。そこで、さらに好感を持たれるマーケット対策を考えてみましょう。

斬新さを求めると「ゴシップ」や「ニュース」に寄ってしまうのは、当然の心理です。しかし、そういうセンセーショナルなモノには、常に「ネガティブさ」が隠れています。ゴシップに食いついた人は、盛り上がった次の瞬間、そのネガティブさに気が付き、軽い自己嫌悪を感じてしまいます。

{ 軽い自己嫌悪

この軽さがくせ者。深刻な自己嫌悪なら解決法を模索するが、軽いがために日々の生活に流されてしまい、抜本的改革を怠ってしまう。鈍感な人間になってしまわぬよう、お互いに気を付けたい。

ですからここでは、センセーショナルなモノの反対側にある「健全さ、明るさ」に、あえて着目することを勧めます。そうすることで、マーケットの可能性はさらに広がってくるからです。

例えば、卒業した大人たちが耳にする学校に関するニュースは、イジメや殺人事件などのネガティブな要素のモノばかりです。そこであえてハッピーな側面に光を当てることを意識し、企画されたのが『学校へ行こう！』の「未成年の主張」というコーナーです。屋上から叫ぶ子供たちの本音は、気まずい雰囲気ではない健全な興味を掻き立て、家族で見ても楽しいゴールデンタイム向けの番組となったのです。

この章のまとめ

相手を恐れるあまり萎縮してしまったり、

実力を過大評価して裏切られてしまったり。

人間関係で陥りがちな過ちは、

マーケティングを扱うときにも共通する、要注意なポイントなのです。

また一方で、マーケティングとは、

普遍性や体温を意識することで、

とても強力な味方になってくれることも覚えておかなくてはいけません。

相手を理解し、自分からも歩み寄ることで、

付かず離れずの関係を築く。

マーケティングとの大人の付き合い方を、

今一度考えてみてはどうでしょうか。

番組解体新書《ターヘル・アナトミア》

「おちまさとの番組はなぜヒットするのか――」
そこに隠された「企画脳」の推移を徹底分析する

3 『24人の加藤あい』

2001年4月〜9月放送 TBS系深夜

企画・演出・プロデュース：おちまさと
24人のクリエイターたちが、毎回30秒の中で「加藤あい」を表現していく番組。通常半年以上の制作期間と莫大な費用が費やされるCM制作とは対照的に、この番組では加藤あいの拘束時間は3時間で、制作費はわずかに100万円。厳しい条件の中、CM、アニメなどさまざまな分野に関わるクリエイターが、まったく違う「加藤あい」を見せる。

記憶 >>P.56

深夜は予算がなくてツライ
>> それをルールにしたら?

記憶

CMクリエイターは
あまり知られてないけど実力者ぞろい
>> 紹介したい

リスペクト >>P.20

「加藤あい」をリスペクトすることから、
さまざまな彼女を見せる、
という企画に繋がった

やられた感 >>P.73

撮影風景を見せながらも、
想像できない意外な出来上がり

時流 >>P.75

新進映像作家の撮り下ろし

目線を下げる >>P.158

厳しい条件であることを先に提示し、
視聴者に同情させる

出し惜しみ >>P.135

タイトルに「24人」と限定させて
見逃せない危機感をあおる

「なぜ、その商品がヒットしたのか――」
その原因と匠の技をおちまさとが徹底解明する

シビれるぜ!
ヒットのコツ

宮崎アニメ(スタジオジブリ) 3

なぜか懐かしい映像が心地よい世界へと誘う

❶ こだわりとサービスのバランス

宮崎駿作品の一番のすごさは、送り手の「こだわり」であるメッセージが、ちゃんと物語の中に隠されていて、それでいてサービスもきちっとやってくれていること。親しみやすくて懐かしい絵柄も、なぜか日本人のDNAに訴えてくる。時代を飛び越える普遍性と、見る者にそれぞれの解釈を許す懐の広さ。サービスがきちんと機能して、それが受け入れられている証拠である。

『千と千尋の神隠し』©2001二馬力・TGNDDTM

●総称:宮崎アニメ ●監督:宮崎駿 ●制作:スタジオジブリ 『風の谷のナウシカ』『となりのトトロ』など日本のアニメーションで無敵かつ不動の地位を誇る一大ブランド。『千と千尋の神隠し』でアカデミー賞受賞。

❷ ネクスト&リピート

この次(ネクスト)の物語が見たい、この続きが見たいと人に思わせるモノはヒットする。見た人にもう一回見たい(リピート)と思わせるから、映画の公開が終わった後も、ビデオやDVDなどの他のメディアにどんどん展開して新たなビジネスを生み続けるのだ。『千と千尋の神隠し』のテレビ放映が40%パーセントもの視聴率を取ったという事実は、ネクスト&リピートの強力なパワーを感じさせる。

❸ 危機感があるから成長する

クリエイターとしての宮崎駿監督のすごさは、年齢を重ねてもさらに成長しているところ。クリエイターとしての危機感を常に失わないから、傑作を作ってもさらに次へと創作を続けることができるし、そのための資金運用も冴えわたっている。巨大な資本を正しく次の作品の質に転換できるのは、優れたひと握りのクリエイターだけだし、宮崎監督のその資質は疑いもないところだ。

おちコメント

**宮崎アニメは、ものすごく強力なビジネスの原液だ。
どんなに薄めてもまだビジネスになる、その濃さがすごい。**

部長

第 4 章__企画のツメ・演出と企画書

ここまでの章で、企画はかなり形になってきたのではないでしょうか。
ここでは、企画に「あとひと押し」を加えて他の企画に差をつけつつ、
フィニッシュワークをするための「演出」について、考えてみましょう。
企画に施す演出は、何も小手先のテクニックではありません。
演出は企画立案の段階でこそ意識すべき事柄ですし、企画書自体を演出の一部と考えることも大事なのです。
この「演出」であなたの手元にある企画は、最後のツメを迎えることになるでしょう。
この章では、今までのステップで培ってきた企画のどこをどう捻れば、
思いつきではない実現性の高いモノになるのかを考えていきたいと思います。

1 演出を施す

第4章

思いつきだけで勝負できるほどこの世の中は甘くないですし、
アイディアだけでギャラが発生するほど、日本の労働システムは進んではいないのが現状です。
企画に沿って実践する人や資金を出す人を納得させて、
初めてその「企画」がキラリと光るというモノなのです。
その企画に説得力を与えるためには、手触りや温度など、触覚的なイメージが不可欠です。
それらを企画に与えるのが、演出だともいえます。
企画に演出を施すということは、企画が採用される可能性を高くすることにもなるのです。

サービスをしよう!

第4章・1・a

サービス(>>P.27,120)とは、何でしょうか。

例えば、高級店で店員が「この30万円のコートお似合いですよ」と、言ったとしましょう。客を気持ちよくさせるために低姿勢で「お似合いですよ」と言いながらも、実は「30万円のコートを売りつけよう」としているこの店員は、とても図々《ずうずう》しい行為をしているのです。

ビジネスとは、ムシのいいお願い事をいかに無理なく納得してもらうか、なのです。それはどんなジャンルの仕事でも同じです。商品を売る、人を集める、利用者を増やすなどといった行為は、どこまで行っても根底には図々しさが存在しているのです。

{ 図々しい }

繊細な人は、この言葉だけでも嫌悪感を覚えるだろう。しかし、人は意識的、無意識的にかかわらず、必ずこの図々しいことを実践している。であれば、きちんと対価を支払って意図的に図々しさを実行すべき。無意識ほど、他者を不愉快にさせるモノはない。

買ってもらうには、サービスは絶対必要

しかし、それはビジネスのとても正しい姿です。代価を得ようとするならば、また、最終的に売りたいモノがあるのなら、そこに必ずサービスを付加して、ひとつのパッケージとして提供していく。その結果として、図々しさが受け入れてもらえるのです。

ヒット企画とは、多くの人たちに愛されたいという、凄まじく「図々しいこと」を求めている企画のことです。誰しも自分の企画はヒットさせたいわけですから、徹底的に親切なサービスと人一倍低姿勢で表現できるスタイルを意識しなくてはいけません。サービスとはオマケ的な付け足しではなく、それこそが企画を実現させるための本質なのです。

人は、偉そうに正論を吐かれるとカチンとくるモノです。どんなに「消費者のためになる企画」だったとしても、そこにサービスがなければ受け入れられない、と心得ましょう。

{ パッケージ }

サービスだからといって何でもかんでも入れ込むと、単に鬱陶しいだけになってしまう。携帯電話の料金設定などは、その最たるモノ。「ほんとはヤルじゃん」などと言って、複雑すぎてよく調べなければ分からないことを開き直るCMがオンエアされるのはいかがなものか。パッケージングの大切さを実感しよう。

● ビジネスの正しい姿

図々しいお願いがまかり通るのは、サービスがあってこそ

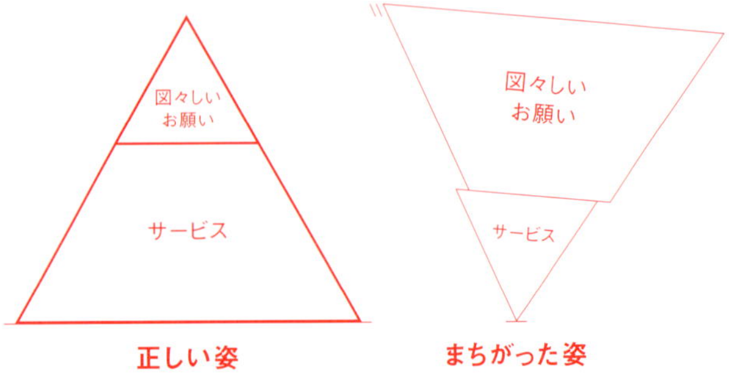

かゆいところに手を届かせる

第4章・1・b

企画において大事なことは、受け手からの共感を得ることです。それは「かゆいところに手が届いている」かどうか、だと言い直せるでしょう。

例えばバラエティ番組の中で「あ、ここを映したらオチが分かっちゃう！」と視聴者が思うような決定的なシーンで、さっとモザイクが入るとしましょう。タイミングよく「私がスタッフならこうするのに」と思った瞬間に、その通りのサービスを提供できれば、視聴者は「分かってるじゃん！」と嬉しくなり、つくり手に対して共感してくれるのです。

共感は、信頼に繋がり、そして次回視聴への習慣になっていくのです。

これは消費行動でも同じコトです。

デザインが気に入って買った携帯があったとしましょう。売り手としてはデザインを前面に押し出して販売戦略を立てたような機種です。それを毎日使っている消費者が、ある日「私が打つメールって、結構パターン分けできるんだなあ」と思いついたとします。そこで、自分にピッタリな定型文機能を見つけたとしたら、それは、大きなインパクトではありませんが、まさに「そこ！」と叫びたくなるような、かゆいところに手

{ 共感、信頼、習慣 }

新参者は、この順番でステップアップしていくのが理想。「横にいる」ことが習慣になれば、多少の冒険でも許してもらえる。定番商品といわれるモノの成り立ちも同様。ただし、習慣にあぐらをかいたり、不必要な冒険で信頼を裏切ったりすると、回復が困難。

が届いた快感なのです。そして、その快感はすぐに共感に繋がり、次に買い替えるときも、きっと同じメーカーの機種を選ぶことでしょう。

ちょっとした嬉しさや驚きは、インパクトのあるセールスポイントにはなりにくいのですが、長い目で見ると強力なウリになるのです。

気を付けなくてはならないのが、つくり手のおごりです。「売ってやってるんだ」的な優越感は、隠してもにじみ出るモノです。ですから逆に、常に消費者の目線でつくっていれば、どんなに複雑なモノや高価なモノでも、共感を呼ぶことは可能なのです。

{ 長い目 }

長期展望のできない企業は、成長が見込めない。場当たり的な戦略を積み重ねるのも手ではあるが、企画の段階で練り込むことが可能なら、常に長いスパンを意識するコトが大事。

サプライズ

第4章・1・C

特に女性層をマーケットにするならば、必ず「サプライズ」の要素を入れることが大事です。

プレゼントにラッピングするのは、「華やかだから」ではなく、その包みを開けている間のドキドキと、中身を見たときの心地よい裏切りを求めているからなのです。これが「サプライズ」の正体です。

想像力の豊かな女性だからこそ、常に少し先を無意識に予想しているモノです。きちんと辻褄《つじつま》の合った

{ サプライズ }

サプライズパーティーという言葉があるくらい、アメリカでは「サプライズ」感を重視して、活用している。単純だが、的を射ている。

「雲の味」にサプライズ！

流れの中で、でもその予想を覆すことが大事です。予想を裏切られた結果が「嬉しい」に繋がるようなサプライズこそが、好感に繋がるのです。

最近コンビニでは、以前からあるオーソドックスなスナック菓子の「○○味」というモノが、お菓子の棚を占領しています。新製品をチェックするためだけに、毎日コンビニに足を運ぶ若い女性もいます。食べるまで一切味が分からないモノですし、しかも、およそお菓子とは思えない味のモノも多いのです。これらは、すべて「開けて試しに食べてみる」までのドキドキを提供しているといえます。

{ 試しに食べてみる }

消費者に「試させる」ことができるのは、その値段設定が絶妙であることが必須。失敗しても惜しくないと思わせる程度にリーズナブルであることは大事だが、商品価値に釣り合わないほどに安いと、正しく評価してもらえない。

この「サプライズ」という要素は、実は非常に高度な要求だといえるでしょう。常識の範疇《はんちゅう》にありながら（＝お菓子としての体裁を守りつつ）、しかし意表を突く（＝突飛な味）ことをしなくてはならないからです。

しかし、これが成功したときの効果は、絶大なのです。

ヒントを出す気持ちいいタイミング

第 4 章・1・**d**

第2章で「やられた感」、つまり「推測できそうでできない最後の可能性」は大事だ、ということに触れました。(>>P.73)それをさらに効果的に見せるのが「ヒントの出し方」です。それはまた、企画を練るときに意識しなくてはならない大きなポイントでもあるのです。

サスペンス映画やテレビ番組などでは、ちょっとしたヒントや予告っぽいモノを、小出しにいいタイミングで露出しないと、のっぺりとした印象を与えてしまいます。新製品なら、ニュースのリリース時期などが、これに当たります。

もし、提案しようとしている企画が連続的な要素のあるモノならば、思いついた順に出してしまってはいけません。どんな順で提案すれば効果的か、どんなタイミングでどんなキーワードを露出すればいいイメージを与えるのかなど、いい意味で「出し惜しみ」をしながら、企画自体に演出を施しましょう。(>>Ex.27,28)

例えば、受け手に提供する物語の中で、ちょっとした「小さな納得」を演出します。その「小さな納得」は、実は「次の小さな疑問」の足がかりに

{ 物語 }

人はテレビを見たり、何かを買ったりする際に、ただ「見る」「買う」というひと言では言い表せない心の変化を経験している。その心の動き、あるいは動きを促すものを「物語」と呼ぶ。例えば、ある商品に気付き、興味を持ち、検討し、購入するという一連の心の流れのこと。「文脈」とも。

どんでん返し系映画『シックス・センス』※

なる、ヒントでもあるのです。そんなヒントを出し続けることで、最後の「やられた感」は大きくなるのです。

製品の良さを伝えたいために、プロモーションに開発秘話を使うとしましょう。「へえ、こんな苦労をしたんだ」というのは「小さな納得」です。そのときに、開発者の気になるキャラクターをあわせて印象づけられれば「この人ってどんな人？」と「次の小さな疑問」が生まれて、それがまた次の「小さな納得」になって……、となります。そうして、企画自体が良質の物語に仕上がっていくのです。

そんな物語を計算した上で企画をつくることができれば、実現する可能性も大きくなります。

「出し惜しみ」もタイミングの計算テクニックの中では、とても効果的です。「期間限定」などの売り方がそうです。「アナタは今、とても貴重なモノを手にしているんですよ」と、深層意識に刷り込むことで、意識が常に「見逃した、買い逃した」自分の後悔している姿を想像することになり、目の前にある企画に飛びつくモチベーションになるのです。

>>Ex.27 『桑田佳祐の音楽寅さん』 連続番組であったが、毎回ネタを変える趣向のつくり。その中の「童謡にサビを付ける」という企画は立ち上がりからあった。が、初回からそれをやってしまうと、番組全体がインテリ臭くなってしまう。そこで、第1回はどうしても「渋谷でゲリラライブ」にしよう、と提案。そうすることで、番組の強烈なカラーを打ち出せ、それが免罪符となって2回目からは何をやってもイイ、という雰囲気がつくれた。

>>Ex.28 映画『シックス・センス』 どんでん返しがキモのいい映画だが、冒頭で「この映画には秘密があります」というスーパーは残念。観客は、必ず「秘密を探してやろう」という目で見てしまうし、わざわざ身構えさせてしまった。スーパーがなかったほうが、やられた感もより強かったのでは？

{出し惜しみ}

「いつでもそこにある」というのは安心感に繋がるが、「今日買わないとなくなるかも！」という、ちょっとした危機感は購買動機になりうる。「出し惜しみ」という言葉に含まれる「まだ出さずに焦らせる」と「もうなくなる」のニュアンスを汲み取ること。

※『シックス・センス　コレクターズ・エディション』
1999年・米　DVD　販売元：ポニーキャニオン　3,980円+税

2 企画書に仕上げる

第 4 章

企画書の具体的な書き方は、
数多く出版されているその類の書籍に譲るとして、
ここでは、企画書を仕上げる上で注意しなくてはいけない諸事項を確認してみましょう。
前項までの、企画を立案するステップに準じていれば、
おのずと良質な企画書が出来上がるハズですが、再度チェックをしてみましょう。

企画書に落とし込む

第 4 章・2・a

企画書を書くときにイメージしてほしいことは、考え抜いた企画を、頭の中から一気に紙の上に落とす、というイメージです。これまでにたどってきたステップや検討した細やかな事柄などを、一気に紙の上にぶちまけましょう。きっと、頭の中にあった企画はそのまま企画書に反映されるはずです。

以下では、その具体的な注意事項などをご紹介しましょう。

{ 一気に紙の上に落とす }

頭をコップのような容器だとイメージし、練り込んで熟成させた企画を、ドバっと紙の上にぶちまける。そのくらいの勢いが欲しい。

＊

● 企画は、それが受け手に届かなければ意味がない、と述べてきました。ですから、企画書の基本は「分かりやすさ」です。分かりやすい言葉遣いで、アイディアとアイディアの隙間を埋めていきましょう。

「文章を書くのは苦手だな」という人でも、これまで

企画を紙にぶちまけろ

● 企画書チェック項目

あなたの企画書に以下の項目が盛り込まれているか確認しよう

□ **分かりやすさ**	自分のアイディアが、 分かりやすい言葉できちんと 説明されているか？
□ **キーワード**	キーワードは明確になっているか？ また、その説明は十分にされているか？
□ **振り幅**	企画書の中に振り幅はあるか？ 自分のキャラと正反対の企画書もあり。
□ **物語の誘導**	インパクトのある落としどころまで、 きちんと読み手を誘導できているか？
□ **新しい知識**	畑違いの分野のエピソードなど、 何か新しい知識が埋め込まれているか？
□ **共犯意識**	読み手が自分側に引き込まれる雰囲気を、 企画書に落とし込めているか？
□ ……	……
□ ……	……

のステップで熟成された企画の意図や面白味などを、順を追って丁寧に記せばいいだけですから、難しくないハズです。(>>P.71 普遍性)

● 世の中には確かに説明ベタな人はいます。もし、あなたがそんな人だったとしたら、まずはキーワードをメインにして企画書を書き進めてください。そのキーワードを書き出して、その意味するところはこうだ、そこからこんなイメージが喚起されるはずだ、と補足すればいいのです。(>>P.82 キーワード)

● 企画書は、企画会議を有利に進めるためのツールです。企画書自体がある種の企画だと言ってもいいでしょう。ですから、自分のキャラクターを逆手に取るのも効果的かもしれません。元気と勢いだけのキャラ、と見られているのなら緻密な企画書を頑張って書いてみるとか、真面目で面白味に欠けるヤツ、と思われているのなら大胆な文字構成や色使いで攻めてみるとか。手はいろいろです。(>>P.68 振り幅)

● 企画書を前にしている人々は、あなたの企画に対して真っ白な状態です。ですから、その企画が意外性のある落としどころをメインにしたモノなら、物語を誘導してあげる必要があります。読み手のスピードを意識しつつ、普通に想像できる落としどころの可能

{ 説明ベタ }

どこまで話せば理解のスピードが追いついてくれるのか分からず、先走りしすぎる。あるいは、相手が理解しているのにクドクドと同じ箇所を説明してしまう。いずれも「受け手の思考スピードを読めない」から。まずは、きちんと自分の中で整理して、それを受け手がどの程度のスピードで受け入れてくれるのかを推測するクセをつける。

{ 真面目で面白味に欠けるヤツ }

こういう人は、おおむね色気にも欠ける。自分の中にある「説明できないけどなんとなく好き」という曖昧な感情を解放してみる。企画に色気が漂えば、かなり強い。

性を、「これはありきたり、これは既存、これは実現不可能」と、企画書の中でひとつひとつさりげなく潰していきましょう。そうして落としどころにまで持っていくのです。出席者にあなたの思考を自然にトレースさせることで、意図した落としどころのインパクトは、より大きなモノになります。（>>P.134 ヒントを出す気持ちいいタイミング）

● 企画書を読む人は、少なくとも同じジャンルの世界にいる人です。いくつかの共通認識もありますし、共通言語も持っていることでしょう。そこを逆手に取って、まったく畑違いのエピソードや事例を持ってきてしまいましょう。人は、知らなかったことを知ることで快感を覚えるものです。新しい知識を得たことで、あなたの企画書に対する好感度は、確実に（少しかもしれませんが）アップしています。これだけでも、企画が通りやすくなる一助にはなるでしょう。（>>P.36 顔の広い男になる）

● もしあなたが、企画書を書くのが苦にならないタイプなのだとしたら、企画書の完成だけで満足してしまうことに気を付けなくてはいけません。企画書はあくまでも、同じ会社のスタッフやクライアントなどの身内を、仲間に取り入れるためのツールです。最終的な受け手であるマーケットに食い込むために、一緒

{ トレースさせる }

自分がたどった思考の道を、コンパクトかつテンポよく、可不足なくたどらせる。置いていかないし、追い越されない。

{ 快感を覚える }

受け手に快感を与えるのが、ネゴシエーションの王道。企画を通すことはネゴシエーションの一種であるから、快感を抜きにしては語れない。

に動いてくれる味方をつくるためのツールです。企画書のどこかに、共犯意識をにじませるようなモノにしてみたらどうでしょうか。(>>P.153 会議は戦いではない)

{ 共犯意識 }

共に成功を喜び、失敗を悔しがってくれる。「仲間」という言葉の空々しさよりも現実的で頼もしい。

*

また、企画書を書き終わっても、それで安心してはいけません。企画が通り、実際作業に入ってから苦労するのは自分なのですから、紙の形だけでの完成は、物足りない可能性があることを覚えておきましょう。

第一、紙の上に躍る文字から、企画の完成形をきちんと想像してくれる人は稀なのです。ですから、完成形が映像なら手づくりでも映像の形に、SP(セールス・プロモーション)なら実際に小規模な販促実験を自分だけでやってみるなど……。とにかく、完成形に近い形で企画書を補足することも重要です。

面白い企画ほど、そのコアな部分は簡単には伝わらないことも多いのですから。

練習問題

Q1. あなたが最近提出した企画書をP.138の表に照らし、欠けていること、足りない部分を列挙しなさい。

Q2. 1を踏まえ、改めて最高の企画書を書き上げなさい。

あらためて、もう一度、初期設定を思い出す

第3章・2・b

ここまでで、企画書は完成しました。会心の出来です。そして、紙媒体以外にも補足のツールをつくりました。では、これで完璧でしょうか？

いえいえ、最後の最後に、もうひとつだけ、確認しておきましょう。

「あなたは、そもそも何がしたかったのですか？」

企画書の整合性を重んじるばかりに、初めにやりたかったことから離れていませんか？

文字の辻褄を合わせるために、最初の新鮮な驚きなどを置き去りにしていませんか？

もし、少しでも自分的に「？」な部分があったら、迷わず間違った箇所まで戻ってみてください。そこからつくり直しても、決して無駄にはなりません。企画の完成度とは、そこまで自分に厳しくして、初めて得られるモノなのです。(>>P.28,90 初期設定)

{ 新鮮な驚き }

つられて笑う、ということがある。それは驚きも同じコト。自分が素直に驚いたことをそのまま伝えられれば、受け手も同じように感じてくれる。企画書作成において、斜に構えて得をすることはまずあり得ない。

この章のまとめ

第1章でかなりの紙面を割いて

「企画立案をするための思考法＝企画脳」について述べました。

なぜなら、その数多くのポイントは、

企画の立案だけではなく、

この第4章のように、

その後の作業にも反映されるからなのです。

もう、これ以上はない、

というくらいに頭の中を企画でグルグルにすれば、

きっと企画書もすらすらと書けるハズです。

行きつ戻りつ、読み返してみてください。

番組解体新書《ターヘル・アナトミア》

「おちまさとの番組はなぜヒットするのか――」
そこに隠された「企画脳」の推移を徹底分析する

4 『仕立屋工場』

2000年4月〜2001年3月放送　フジテレビ系深夜

記憶 >>P.56

女性に試着禁止したら、もっと悩むだろう
>> ルールにしてしまう?

記憶

デザイナーの卵たる学生は発表の場がない
>> 番組内でコンテスト形式にする?

普遍性 >>P.71

洋服

優先順位 >>P.23

「洋服の番組を作りたい」と
「視聴率をとる」とのバランス

キーワード >>P.82

洋服バトル

目線を下げる >>P.00

学生デザイナーが厳しい条件で
タレントの服を作らされることへの同情

企画・演出・プロデュース：おちまさと
服飾デザイナー育成バラエティ。服飾系の学生で構成される2チームが、タレントなどのゲストモデルのお題に沿って服を作り、勝敗を競う番組。3日以内、10万円以内などの条件内で、どれだけタレントのイメージに合ったものを作れるかがカギ。勝敗はタレントに委ねられるが、試着禁止のルールのためにタレント自身も難しい選択を迫られ、番組の大きな見どころになっている。

ヒントの出し方 >>P.134

選ばれた服でタレントが
人前(会見)に出るまで、
服にモザイクをかけて一切見せない

サービス >>P.128

バトル、大物タレントの起用などの
洋服以外の要素

● ゲスト一覧　篠原ともえ／優香／畑野浩子／藤崎奈々子／米倉涼子／大橋マキ／山口紗弥加／釈由美子／チューヤン／SILVA／香取慎吾／来栖あつこ／さとう珠緒／ユースケ・サンタマリア／陣内孝則／小雪／小泉今日子／船木誠勝／奥菜恵／川村ひかる／千野志麻／大神いずみ／長谷川理恵／安西ひろ子／高橋克典／菊川怜／天海祐希／広末涼子／MINA／水野美紀／ロンドンブーツ1号2号／筒井康隆／長瀬智也／国分太一／窪塚洋介／新庄剛志／中島美嘉／叶美香

「なぜ、その商品がヒットしたのか――」
その原因と匠の技をおちまさとが徹底解明する

シビれるぜ!
ヒットのコツ

「写メール」(J-フォン)　4

いつも持っている携帯で写真が撮れるようになった

❶ ありそうでなかったもの

「ありそうでなかったもの」が企画できた段階で、このヒットは約束されたといえる。デジカメが普及したとはいえ、それを離れた友だちなどに見せるためには、まだまだ煩雑な作業が必要だ。「撮った写真をそのままメールできればいいのに」「そういうの、ありそうでないよね」という要求を満たす初めてのツールが「写メール」だったというわけだ。

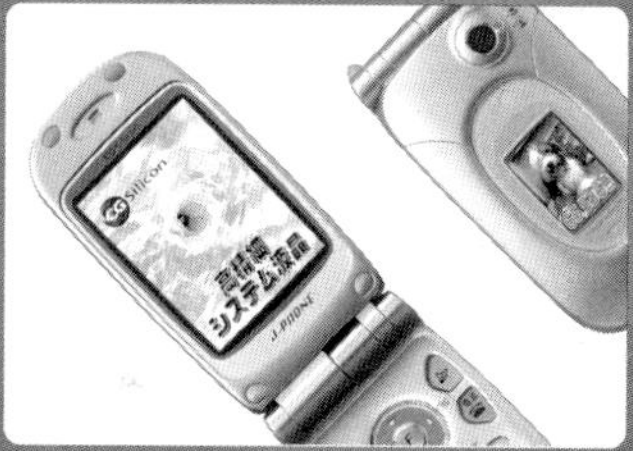

● 商品名の総称：写メール　● 携帯電話事業者：J－フォン　● 発売時期：2000年11月　携帯電話にデジタルカメラを内蔵。撮った写真を保存できるほか、その場でメールとして送ることもできる。機種多数。

❷ 既成概念をぶち壊した楽しさ

携帯電話という完成されたハードに、カメラを組み込むなんて無理だ、と普通は考えるところだが、そんな既成概念を打ち壊したところに「写メール」のすごさがある。さらに流通後には、自分の顔を待ち受け画面に利用するユーザーが現れるなど、想定されていなかった使われ方が一般化し、携帯を楽しむ幅が広がっている。ユーザーが主体となって楽しさを追求できるのも、自分が主人公になりたい今の風潮にマッチしているのだ。

❸ 女子高生的発想

「写メール」の企画が際立って優れている点は「いい意味で女子高生的な発想」が活かされていること。ユーザーの「今この瞬間にメールで送れればいいのに」という一瞬の欲求、深く考えない脊髄反射的なニーズを見逃さずに、それをそのまま形にしたのだ。ユーザーの視点に立った「足で稼いだマーケティング」の匂いに、おちまさとはこの商品の大ヒットを予感したという。

おちコメント　**携帯ビジネスに乗っかるんじゃなく、ハードをぶっ壊して新しいビジネスをつくった、そこに写メールの偉さがあるよね。**

第 5 章＿企画会議必勝法

企画に自信があってもなくても、企画会議で発表するのは気が重いモノです。
それは、会議に臨む際の戦略がまったくできてないからではないでしょうか？ きちんと肩から力を抜いて出席すれば、そこで思わぬ拾いモノもあるというもの。一番恐れなくてはいけないことは、せっかくのいい企画をお蔵入りさせてしまうことです。企画会議を乗り切ってこそ、の企画です。
この章では、どんな企画ノウハウ本にもなかったような驚天動地の企画会議必勝法を、ご伝授いたします。

1 第5章 企画会議への心構え（前日まで）

一夜漬けに付け焼き刃。今日の明日でどうにかなるほど、企画を通すことは甘くありません。
とはいえ、せめて前日くらいは企画会議に対する準備をしておきましょう。
メンタルな部分も含め、準備に余念のない人こそが、勝者となるのですから。

自分会議2開催

第5章·1·a

｛企画立案したピュアな自分｝

今立てている企画のもとになっている自分。企画立案の初期段階では、やはりこの「ピュアピュア君」でいたいもの。

自分の企画を検証するために、頭の中で「自分会議」を開くことは、第2章で触れました（>>P.94 自分会議開催）。ここでは、「自分会議2」を開催しましょう。今回の自分会議は、企画会議を乗り切るための方策を練る会議です。この自分会議2の出席者は「金に細かい経理部長タイプの自分」「企画立案したピュアな自分」「現実的な問題ばかり指摘する小心者課長タイプの自分」など。さまざまな方向から、企画を検討してみましょう。

噴出する疑問や問題点を乗り越え、出席者を黙らせることができれば、あなたの企画は底力のある、会議を通すことのできる企画だといえるでしょう。

また、返答に詰まってヘドモドするようなら「ここではシラを切り通そう」とか、開き直った戦略も練れるというのも、利点のひとつです。

何はなくともシミュレーション

第5章・1・b

自分の企画の「売り込み方」が決まった後は、実際の会議を想定したシミュレーションに取りかかりましょう。

さまざまな場面を想定し、練りに練って100通りの受け答えを想定するくらいの気概が欲しいところです。なぜなら、その想定通りの質問が出ればすらすらと返答ができ、余裕が生まれるからです。余裕のある質疑応答も、企画の完成度のひとつなのです。

しかし、どんなに想定したところで、きっと101個目の予想もしなかった質問が、簡単に出てしまうでしょう。でも、そこで恐れる必要はありません。そんな101個目の問題点は、すでに100通りの問題点を事前に考えている人間にとっては、処理できる許容範囲になっているからです。頭の中でシミュレーションをする癖がついていますから、その場で瞬時に新たなシミュレーションが行えるはずです。「実はそれ、最後に言おうとしていたのですが」などと、平気な顔で時間を稼ぐ図太い発表者になっていることでしょう。

ハプニングに強い、も企画会議で生き残るコツであるといえます。この強さは、事前のシミュレーションで培える、最大の武器になることでしょう。

{ 100通りの受け答え }

100というのは驚くほどの数字ではない。突っ込まれそうな大きなポイントが5箇所あったら、それぞれに20パターンのバージョン違いの返答を用意すれば、それで100。しかし、100は少し大げさか。

{ ハプニングに強い }

ハプニングまでも想定して、シミュレーションを行えば、ハプニングを逆手に取れるようになる、楽しめるようになる。マイクが繋がらなくなったら、それをネタにして笑いをとってからプレゼンを始める、など。

2 第5章 企画会議への心構え（当日）

さて、企画会議当日を迎えました。
小脇に抱えた企画書だけが命運を分けるかというと、実はそうでもないのです。
会議当日の立ち居振る舞いや、心構えひとつで、
もしかすると結果は180度変わってしまうかもしれないのです。
ここまでの努力を無駄にしないためにも、
実力を100％出し切るべく、当日の心構えについて考えてみましょう。

会議モードになる

第5章・2・a

オフィスワーカーの人たちは、会議直前までデスクワークをしていることが多いでしょう。ですから、普段の仕事をしている気持ちの延長で、だらりんと会議に臨んでしまいがちです。思い当たるフシはありませんか？

アスリートたちは試合に臨む前、ウォークマンなどで音楽に没頭して、きちんと自分の世界に入っていきます。テンションを上げて、一瞬の勝負にすべてを出し切ろうとするのです。一流の人間でさえ、そういう「儀式」の時間が必要なのです。まして、普通の人間ならば、儀式は必要不可欠なものだと心得ましょう。

｛儀式｝

儀式を何度も繰り返すうちに、脳のほうが反応してくれるようになる。すなわち、意識的に一服するたびに脳をクロックアップしていると、一服すると無意識にクロックアップするようになる。

儀式とは、そんなに大げさなモノでなくても構いま

会議モードへの大事な「儀式」

せん。会議前に、食事に行くのでもいいですし、とりあえず一服つけてもいいでしょう。

もし、そういうひとりになるような暇がないのなら、会議室に向かう廊下で徐々に気分の照準を会議に合わせ、最終的には会議室のドアを開けたときに「バチン！」と自分の中のモードを会議モードに変えてみましょう。一瞬でできて、一番手軽な方法なのが、このドアを使った方法です。会議室のドアでは準備が足りないなら、エレベータのドアでもいいですし、朝一番からの会議なら電車がホームに着いた瞬間でもいいのです。

{ 会議モード }

同時並行しているさまざまな案件をとりあえず一時的に消去して、全頭脳を会議に傾ける。シミュレーションを反復し、企画書を再読し、自分のやりたいこと、伝えたいことを思い出す。

切り替えの苦手な人ならば、最初は歩きながら、少しずつモードを変えていき、変わったことを自覚できるまでの時間を計ってみましょう。それがあなたの「今のモード変えタイミング」です。それを少しずつ早くしていく、という方法でもいいでしょう。

どこかの瞬間でモードを変えるトレーニングを日頃からしておくことで、企画会議に対する苦手意識も克服できます。

練習問題

Q1. このあと最初に会社に入る（会社を出る）ときに、自分なりにモードを変更しなさい。

会議は戦いではない

第5章・2・b

社内プレゼンや企画会議などを「対決」のようにとらえてはいけません。そこにいる相手は敵ではなく、後々、企画が通ったときの「仕事仲間」なのですから。相手をねじ伏せようとするか、それとも仲良くなろうとするのかで、きっとあなたの視線の硬

{対決}

どちらも、目的は同じで、その過程が異なっているだけだ、ということを認識したい。真剣になるとも、深刻になるなかれ。

会議の出席者は、ゆくゆく一緒に仕事をする仲間だ

さも変わってくるハズです。そして、会議室のテーブルの向こう側にいる人たちは、そういうことに意外に敏感なモノなのです。

{ 向こう側にいる人たち }

机を挟んだ対面に座ってしまうと、対決姿勢が生まれやすいという。自分で席のレイアウトができるなら、事前に変えてしまうのも、手。

例えば、話の腰を折って先回りするのが好きな人に、発表する前に企画の肝を指摘されたとしましょう。あなたの気持ちが「敵対心」に満ちていたとしたら、単にカチンとくるだけです。

しかし、彼も心強い仲間だ、という意識があれば、会議の進行を早めてくれてありがとう、くらいに思ってやり過ごせるでしょう。

「今、おっしゃってくださった通りなんですよ。ですから、そこに至った経緯をご説明させていただいて、この結論がいかに合理的かを確認していただきたいのです」と、まるで半分企画が通ったかのように、補足説明にシフトしてしまってもいいのです。

{ 企画が通ったかのように }

その場の雰囲気、というのは侮れない。肯定的な質問が出始めた段階から、徐々に「企画が通った後の予定」までもにじませて発言してみる。

敵とは戦うだけですが、味方なら援護射撃をしてもらえるモノです。意識の持ち方ひとつで、企画会議はずいぶん楽に進められるハズなのです。

会議室に入ったとき、周りを見渡して、仲間を見る目でニッコリ笑ってみましょう。まずは視線を柔らかくできるかどうかで、そのときの自分の意識を再確認してみてください。

緊張しない方法

第5章・2・C

会議室のドアを開けるとき、あなたはすでに雰囲気に呑まれていませんか？

緊張というのは、自分の実力以上のモノを見せたいから起きてしまうのです。ですから、「オレなんてこんなもんさ」とナチュラルに思うことができれば、まずは最初の緊張は解けるはずです。

椅子につまずくならそれがあなたの本来の姿ですし、弱々しく見えてしまうのもあなたの本来の姿です。言葉は悪いですが、開き直ってしまいましょう。大事なのは「カッコイイ自分」ではなく、「企画を通すこと」なのですから。

{「カッコイイ自分」ではなく……}

企画が通れば、結果的にカッコイイ自分になれるのだから、ここは我慢のしどころ。見る目のある異性は、ナチュラルな姿にも好感を持ってくれるハズ。そう、信じたい。

● 他人の視線

企画を通すことが重要だと思えば、他人の視線にさらされなくなり、緊張しなくなる

3 第5章 実践テクニック

企画会議はいうなれば真剣勝負です。こっちの用意した作戦だけで乗り切れるほど、甘くはありません。相手の太刀筋を見極め、切り返し、ときには間合いを取って仕切り直す。相手の思惑すらも計算に入れて動かなければいけないのです。
ここでは、企画会議の本番で役に立つ、実践的なテクニックをいくつかご紹介いたしましょう。
企画会議を制するには、このテクニックが必要不可欠なのです。

キャラをつかめば百人力

第5章・3・a

会議室にいるメンバーは敵ではない、ということはお話ししました。とはいえ、みんながあなたの企画の賛同者ではありません。ですから、ひとりでも多くの賛同者をつくり出すために、メンバーたちのキャラクターを把握しておきましょう。少なくとも、クライアントの担当者や企画にGOを出す責任者のキャラは、必ず把握しておかなければなりません。

偉そうな人、優しいだけの人、全体の流れを無視しがちな人……。それらをきちんと見分けることが、企画会議を乗り切るテクニックの第一歩です。

キャラを把握さえしてしまえば、「この人にはこういう訴え方で」とか、「相槌《あいづち》に安心しちゃいけないな」などの適切な戦略が練れるのです。

「企画会議に戦略は必要?」と思うかもしれません。しかし、企画さえ素晴らしければ必ずその企画は通

{ 優しいだけの人 }

ニコニコ笑ってうなずいて、友好的な意見を述べてくれたのに、後になって「やっぱり実現不可能だね」とか言い出す人、必ず近くにいるハズ。よおく観察して、その魔の手から逃れる訓練を。

{ 企画さえ…… }

もしその通りなら、世の中にはもっと「えっ!」と驚くような企画に溢れていてもよさそう。逆に言えば、企画を通すためには「人間関係が大切」ということがよく分かる。

キャラに応じて演じ分けよう

る、というのは少し楽観的すぎます。いつでも不測の事態は起こるモノです。自分の企画に自信があればあるほど、その企画をクダラナイ理由でボツにされないように、最善を尽くすべきなのです。

　キャラの把握は、事前にリサーチするのがベストですが、それが叶わないこともままあります。その場合、当日の雰囲気からつかむことにしましょう。着ているスーツや、座り方、会議前のちょっとした雑談などから、いくつかの情報を得ることはできるはずです。

　自分の企画内容は、すでに頭の中に叩き込まれているハズです。会議室では企画書から目を離し、周りを観察しましょう。

練習問題

Q1. 近々開かれる企画会議の出席メンバーを書き出し、それぞれのキャラクターを分析し、対策を立てなさい。

Q2. 自分が企画に判断を下す立場だとして、どんなキャラクターなのかを客観的に述べよ。

目線を下げさせる

第5章・3・b

最初の最初に、聞き手の気持ちをこちらの有利な状態にするのは、とても大事なことです。そのためには、聞き手の目線を下げさせるのが、効果的です。

目線を下げさせるとは、つまり、相手の批評意識を下げさせる、ということです。例えば、最初にものすごく長いことうんちくを傾けられて「旨い店なんだよー」と言われた後に店に連れて行かれたら「それほどの店じゃないなあ」と感じませんか？　同じように「この間、面白いことがあったんだよね」と切り出されたときのエピソードは、やっぱり面白くないものです。

先に「これから起きることは評価に値しますよ」と宣言することで受け手の目線は高くなり、後は批評してもらうしかないような状態になってしまいます。まずは目線を下げさせることが重要なのです。

ですから、企画の発表に先立って「最強の企画を考えました」というような切り出し方は最悪です。かといって、企画の中身についてへりくだる必要はありませんが（なにせ、練りに練っているのですから）。企画というのは、企画書を出したところで終わらないのですから、「こういう企画です。みなさんの意見を反

{ 面白いこと }

こういう前置きがあるとき、決まってオチもない大して面白くないエピソードを聞かされる。それを体験的に知っている人は、このひと言で身構えてしまう。口癖なら早々に直すべし。

映させながら完成させたいと思いますが……」のような言い方がいいでしょう。少しでも「手助けしてやろうかな」と思わせたら、それはすなわち「賛同した」ことと同じです。そのラインを落としどころに考えて、発表を始めてみましょう。

ただし、「若さ」やら「強気」やらが好きな上司が存在していることも事実です。「若いヤツは、少しくらいヤンチャなほうがいいんだ」みたいな上司です。そこのあたりは、きちんと事前のマーケティングで把握しておき、対策を練りましょう。(>>P.156 キャラをつかめば百人力)

{「若さ」やら……}

経験としてそういう人物の意見が面白いことを知っているのか、単に自分のキャパが広いことを誇示したいのか。その上司のスタンスを見極めることが大事。

● 目線の上下

企画を通すためには、味方になってもらうのがよい

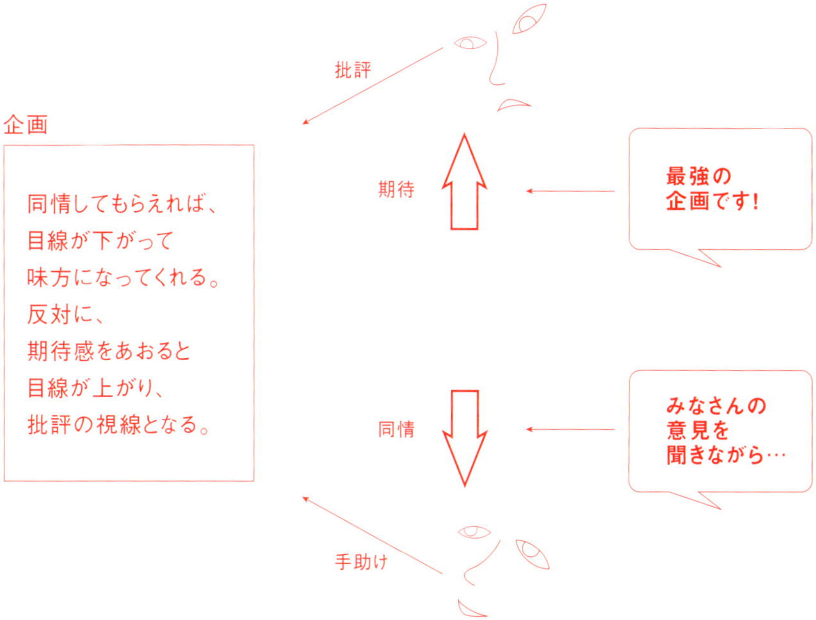
批評
企画
同情してもらえれば、
目線が下がって
味方になってくれる。
反対に、
期待感をあおると
目線が上がり、
批評の視線となる。
期待
最強の
企画です!
同情
みなさんの
意見を
聞きながら…
手助け

可愛いヤツになる!

第5章・3・C

前項「目線を下げさせる」にも通じますが、結果的に実力を見せつけるのが目的なのですから、発表者であるあなたは、最初は「見下される」くらいの低姿勢で入りましょう。徹底的に（気持ち悪くならない程度に）可愛く、一生懸命さを演出しつつ「よっしくおねがいしまーす♪」くらいの姿勢でもいいかもしれません。

モノづくりにおいて、分からなくて悩んでる人を突っぱねる人は、まずいないものです。ですから「まだ悩んでいるのですが、こういうのはどうでしょう？」と切り出してみましょう。

余力を残してそこそこイイ企画を出してくるヤツと、

『ガチンコ』の1コーナー、「ファイトクラブ」

>>Ex.29
『ガチンコ！』の「ファイトクラブ」のコーナーでは、才能のある人がプロボクサーを目指すのではなく、単なる不良がプロボクサーを目指す（挫折するだろうという先入観）、という設定でまず目線を下げさせた。『仕立屋工場』では、まだビジネスになっていない学生やインディーズのデザイナーが、一流タレントの服を作ってしまう（オシャレに敏感な相手だから喜ばないかもという先入観）、という設定で目線を下げさせた。いずれも、視聴者はチャレンジャーたちに肩入れをすることになった。

かっわいい人におじさん、嬉しそう〜

一生懸命頑張って同じくらいの企画を出してくるヤツがいたら、人はもちろん後者を選びます。それは、「こいつならGOが出た後にも、頑張って仕事するだろうな」と思うからなのです。

また、企画を発表することを「物語」、あなたをその「主人公」だとすると、マイナス設定の主人公に対して、観客は「上手くいかなくても仕方がないか」という、同情的な見方をしてくれます。しかし、そういう主人公だからこそ肩入れをしたくなりますし、ちょっとイイコトを発言すれば、普通の人のそれよりも、感動的に思えるのです。(>>P.68 振り幅)

ほんの少しのアクションや台詞でいいのですから、これを使わない手はありません。(>>Ex.29)

さりげないアピール

第5章・3・d

事前に「若い発想でよろしく」などと言われていたとしましょう。いうなれば、それはすでに受け手の目線が高くなってしまっているわけですが、プレッシャーに感じる必要はありません。あなたが求められているその「若い発想」は、きっと身の回りにネタが転がっていますし、それは簡単に“自分の強み”に転化できるからです。

あなたがまだ充分に若いのなら、その若さは普通に企画の中ににじみ出てきているはずです。しかし、求められているほどには若くない場合には、それでもおじさんたちよりは若いわけですから、若さをさりげなくアピールすることで、逆に強い説得力を得ることができるのです。

「若い」という漠然としたキーワードは、不確定なものです。ですから、あまりこだわって企画の主軸に使わずに、枕ことばのように使ってみましょう。「ご存じのように、渋谷なんかではお祭りでもないのに浴衣を着てる女の子が歩き回っていますが……」と、さも「知ってて当然」な雰囲気で軽く振ってみるのです。企画書に書かなくてもいいのです。発表のときにそんなひと言を付け足すだけで、聞いた相手は少しビビ

{ 若い発想 }

おじさんたちの「若い人信仰」は根強い。自分が若かった頃を忘れて、若さを必要以上に重用しようとしている。若さ＝イイコト、という非常に日本的な発想。真に受けると、しっぺ返しを食らう。

{ 枕ことば }

ダイレクトに用件に入らないことで、逆に言いたいことが染みやすい。落語の名人は、その日の客の雰囲気で巧みに枕（噺に入る前の小話）を決めるという。少なくとも、十八番の枕はいくつかストックしておきたい。

ります。あなたのことを「私の知らない知識のある人」というような印象で受け止めてくれるはずです。

新しい知識をくれる人に対しては、人は謙虚に聞く耳を持つものです。そんな印象を相手に与えられれば、その後の主導権を握れるようになるはずです。

｛私の知らない知識のある人｝

日本には、「（年齢に関係なく）ものを教えてくれる人は自分の師匠」というありがたい慣習がある。「へぇ～」と思わせることが重要。

限られた時間内で印象づける

第5章・3・e

会議の時間は有限です。その中で、印象づけたい事柄は、発表する順番と密接に関係しています。

まずは、当たり前ですが、言いたいことをひとつ、ドカンと冒頭に持ってきましょう。2つ目からは、ただ笑えて興味深いような事柄を並べ、最後に「これだ」という事柄を3つ程度に絞ってテンポよく並べます。すると、印象として残るのは、初めのひとつか、最後の3つになるのです。

「言いたいことはひとつだけです」と切り出してしまうのは、一見印象深くて潔いかもしれませんが、途中で楽しませるというサービスが薄い分、実は印象も薄くなってしまいます。受け手の注意力は、それほどあなたに向いていないということを心得ましょう。

｛発表する順番｝

「ドカン、……………、ドンドンドン」が基本。

● 印象的な発表

言いたいことが、
頭（ひとつ）と
お尻（3つ）にあるとよい

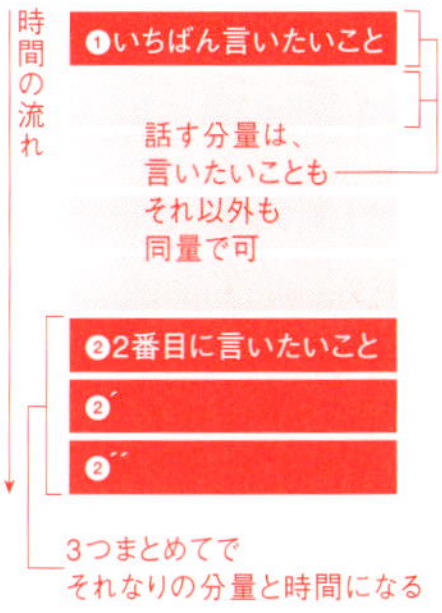
時間の流れ
❶いちばん言いたいこと
話す分量は、言いたいこともそれ以外も同量で可
❷2番目に言いたいこと
❷´
❷´´
3つまとめてでそれなりの分量と時間になる

「分かんねーなー」に対するテクニック

第5章・3・f

注意がこちらに向いていないという程度ならまだいいのですが、さらに困った態度の人が会議の席にいることが、ままあります。こちらの企画意図を汲もうともせず、結局最後まで「分かんねーなー」を連発する人です。そもそも、そんな人は社会人として失格なのですが、そんな人をも手玉に取らなければ企画会議を制したとはいえないでしょう。

{手玉に取る}

批判するだけでは何にもならない。相手がどんなに嫌なタイプであれ、対立は得策ではない。根底に悪意があってもなんら恥じる必要もないので、胸を張って手玉に取るべし。

まずは、軽く話題を変えてしまいましょう。「そういえばこないだ、部長が連れて行ってくれた店で……」くらいの柔らかい共通の話題なら、聞き手の脳味噌は動き始めます。そもそも「分かんねーなー」は、モノを考えることを放棄しているというスタンスですから、少しでも脳味噌を動かしてあげれば、本題である企画についても注意が向くようになるのです。

そんなふうに脳味噌の暖機運転をさせたところで、ぱっと本題に戻ってみましょう。

それでも「分かんねーなー」というようなリアクションなら、そして自分の企画に自信があるなら、ここでキレてしまうのも手です。

{キレてしまうのも手}

あくまで戦略的に「キレる」こと。自分の思考がふっとぶほどキレては、企画人としても、社会人としても、失格。

「何をどうすれば良くなるかってことを話してるんじゃ

ないですか！ それなのに、分かるとか分からないとかの問題じゃないでしょ！」と。

相手が部長クラスなら、最悪でもクビはあり得ないはずです。企画立案者としてやっていこうと思うのなら、冒険をするのも必要かもしれません。意外とそういう「分かんねーなー」な人種というのは、「説教されたがり」キャラであることも多いようですし。

ただし、突っ込まれ嫌いのキャラには絶対してはいけません。冒険には、事前の準備が必要です。

｛冒険には……｝

冒険と無謀の違いは、準備をしたかどうかで決まる。奥の手をポケットに入れておかない主人公は、絶体絶命のピンチからの逆転劇を演じられない。

●「分かんねーなー」への対策
働いていない頭を働かす工夫が必要である

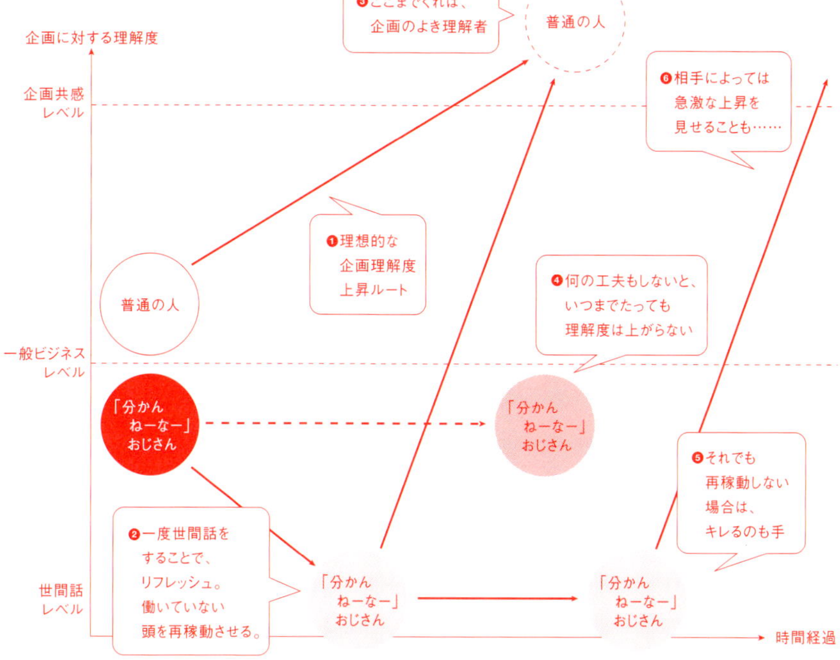

企画に対する理解度
企画共感レベル
一般ビジネスレベル
世間話レベル
時間経過
普通の人
「分かんねーなー」おじさん
❶理想的な企画理解度上昇ルート
❷一度世間話をすることで、リフレッシュ。働いていない頭を再稼動させる。
❸ここまでくれば、企画のよき理解者
普通の人
❹何の工夫もしないと、いつまでたっても理解度は上がらない
「分かんねーなー」おじさん
「分かんねーなー」おじさん
「分かんねーなー」おじさん
❺それでも再稼動しない場合は、キレるのも手
❻相手によっては急激な上昇を見せることも……

最終奥義・おじさん殺し

第5章・3・g

企画会議でキャスティングボードを握るのは、ほぼおじさんたちです。そんなおじさんたちの、気持ちのいいところや弱点を把握して、自由自在に「殺す」ことが、会議でのイニシアチブを手にする秘訣なのです。

おじさんとは、どういう人なのでしょうか。彼らは、単に年を食っている偉そうな人、ではありません。何かしら長けている部分があるから「上のポジションにいる」のです。ですから、まずはその長所をリスペクトする姿勢が必要です。

そして、彼らは矛盾を抱えている、ということも忘れないようにしましょう。若者の意見を欲しがっているクセに、少しでも気にくわないところがあると敵対しようとする傾向があります。あなたが若くて、振る舞いのどこかに「オヤジどもにゃあ分からねえだろ」的な気配が少しでもにじんでいたりすると、最悪です。あなたの取るべき方策は、「長い物には巻かれながら最後の最後で頭ひとつ飛び出すこと」なのです。

{ おじさんたち }

おじさんという括りで語られる人たちは確かに存在する。まずは、そういう人たちを「クソオヤジ」「オッサン」ではなく、心の中で可愛く「おじさん」と呼んでみる。こちらの好意は必ず伝わる。

{ 長い物には…… }

「目的達成のための過程」であることを、常に頭においておくこと。本末転倒に要注意！

また、おじさんにとって、自分より若い企画者は、自分の知らない世界を案内してくれる、いう

知らないキラキラした世界におじさんたちを誘え

なれば占い師です。いくら特殊能力があっても大所高所からモノを言う占い師には金を払いたくないのと同じく、丁寧に愛想をよくしなければ話を聞いてもらえませんし、リピーターになってもらえません。

どんなおじさんでも、妻と子供には弱いものです。妻と子供が興味を持っているようなニュースに対して、聞きかじりでも、少し知識があります。最新ダイエット事情だったりジャンプの新連載だったり。内容は分からなくても、うっすらと聞いたことがあるはずなのです。ですから、そんな最新のニュースを分かりやすく、しかも目に見える形で解説してあげましょう。企画から離れた部分でも、おじさんの興味を引くことは重要です。そして、それを披露できるシーンに遭遇したら、大チャンスだと感じてください。

抽象的な言い回しだけでは商売にならないのは、占い師も企画者も同じことなのです。

{ 抽象的な言い回し }

中身に具体性がなくてもとりあえずニュースっぽく語る、そんなテクを磨く。夕刊紙やおじさん雑誌の見出しを参考にしてみる。

第5章 4 会議に勝つ 普段からの体力づくり

企画に対する意識を日頃から培う必要性については、第1章でお話ししました。
それと同様に、企画会議を乗り切るための日頃の努力も、また大事なのです。
自分が企画会議に向いてないという自覚がある人は、
この項で紹介する企画会議成功に照準を合わせた日々のトレーニング方法を、
実践してみてはどうでしょうか。

緊張克服トレーニング

第5章・4・a

会議直前に、緊張しないようにする方法は前述しましたが(>>P.155 緊張しない方法)、日頃からトレーニングをするとしたら、自分を「緊張する場」にほうりこんでみるのが効果的です。緊張しない方法を模索するのではなく、緊張してしまう場に慣れる、というトレーニングをしてみましょう。

同僚や部下と飲むのは楽しいものです。それは、そこに緊張感がないからです。そんな日常ばかりを過ごしていると、会議時の緊張感とのあまりの落差に、対応ができなくなってしまいます。

ですから、すすんでお偉いさんとご飯でも食べに行きましょう。1対1で膝付き合わせて、緊張の脂汗をかきながら酒を飲んでみましょう。そうすれば、「た

{ 緊張してしまう場に慣れる }

緊張というのは経験によって慣れてくる。ただし、一緒に羞恥心をなくさないように、気を付けたい。

かが会議、あのときの緊張感に比べればどーってことないぜ」と思えるようになります。

あのときに比べれば今は全然気楽だ、と自分に言い聞かせられる、そんな「あのとき」を、バリエーション豊かに自分からすすんで体験する姿勢が必要です。体を鍛えにジムに行くように、心を鍛えるために、お偉いさんを使うのです。

お偉いさんが身の回りにいなければ、ワンランク上の店を使うのもいいでしょう。敷居の高いフレンチ、店員が居丈高なブティック、見るからに高そうなエステ。そういう店に行くとき、人は無意識に勝負モードになるハズですから、その勝負に慣れること自体が大事なのです。勝っても負けても、その場で緊張感を経験したことは必ずやためになることでしょう。場数を踏んだ試合巧者は、常に有利なのです。

{ジムに行く}

「お偉いさんと食事」という行為に、ストイックさを感じてみる。多少ナルシスト気味でもよい。見せびらかすような筋肉はつかないけど。ちなみにこの本の英文タイトルは、"The Business Planning GYM"。

● 緊張克服トレーニング

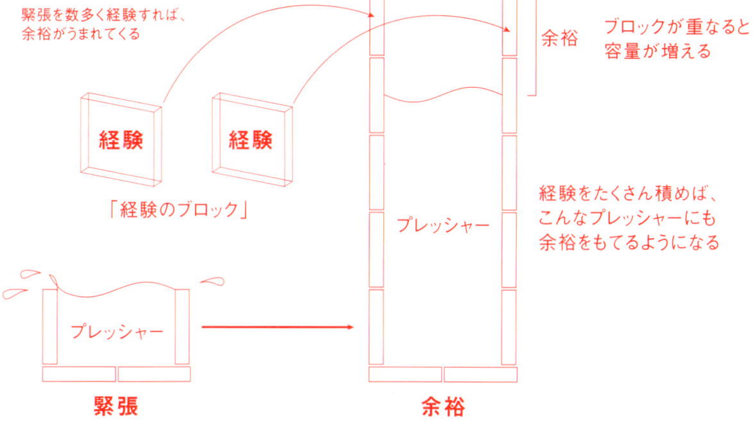
緊張を数多く経験すれば、
余裕がうまれてくる
経験
経験
「経験のブロック」
余裕
ブロックが重なると
容量が増える
経験をたくさん積めば、
こんなプレッシャーにも
余裕をもてるようになる
プレッシャー
プレッシャー
緊張
余裕

あの人だったら、何て言う?

第5章・4・b

切羽詰まったときに、とんちんかんな受け答えをしてしまいがちな人は、普段から「お手本」を意識することをオススメします。身近なところなら「高橋課長なら、どう受け答えするだろうか？」と、考えてみましょう。少しでも尊敬できる部分を持った上司を観察して、その「考え方をトレース」してみましょう。相手の立場に立ち、相手の目線で物を見るわけですから、このトレーニングは、対人関係をスムーズにすることにも繋がります。

会議の席では、天才的なプランナーを頭の中で想像してしまってもいいでしょう。誰それだったらこう発言するはず、といったん自分から切り離してしまうのも、冷静に受け答えするコツかもしれません。

考え方だけでなく、余裕に満ちあふれた仕草などのモノマネが入ってもいいでしょう。フォームを真似ることでゴルフのスコアを伸ばせることもあるのですから、これも効果的です。上手な人をマネることもまた勉強なのです。

{とんちんかんな受け答え}

焦る→誤解する→的はずれ　これが「とんちんかん」の発生ステップ。余裕があるのにとんちんかんなことを言う人は、天然。

この章のまとめ

あなたが最近「面白いな、コレ」と思った新製品。

その企画会議のシーンを想像したとき、

出席者は100％もろ手をあげて賛成していますか？

きっとそうじゃないと思います。

ビビッドな部分があるからこそヒットするのですし、

企画会議ではそういう部分こそがネックになるはずなのです。

企画会議を乗り切るコツを習得するためには、

その企画の成り立ちをもう一度振り返る必要があります。

企画会議まで視野に入れて企画を完成させることが、

企画自体のクオリティを高めることにもなります。

企画立案と不可分な企画会議。

ただの発表の場とは思わず、

今一度その重要さを考えてみましょう。

番組解体新書《ターヘル・アナトミア》

「おちまさとの番組はなぜヒットするのか——」
そこに隠された「企画脳」の推移を徹底分析する

5 『東京恋人』

1999年4月〜9月放送 フジテレビ系深夜

記憶 >>P.56

風呂に入る直前に恋人とケンカをして、
全裸のまま土下座するハメに
>> カメラがあったら面白い

記憶

街角の定点観測を配信する
インターネットの「世界の窓」が面白い
>> テレビでできない?

記憶

ハンディカメラを振り回す映像が大流行
>> 動かさないでつくれない?

記憶

小津安二郎が大好き

普遍性 >>P.71

恋人

時流 >>P.78

**恋人同士の会話が、
「今」を一番反映している**

企画・演出・プロデュース：おちまさと
恋人たちのありのままの姿を定点カメラで追う「動く写真集」。主人公は恋人がいる女性。彼女が彼氏と過ごすオフの時間を、部屋などに定点カメラを設置して撮影。ドラマ以上にリアリティがあったり、ドラマ以上にドラマティックだったりする。

明るさ >>P.122

**隠し撮りではないので、
視聴者も「見ていいモノだ」と
気後れなくのぞき見できる**

特性 >>P.66

**フレームを外れた
登場人物の声だけ聞こえると、
違和感と興味を覚える**

「なぜ、その商品がヒットしたのか――」
その原因と匠の技をおちまさとが徹底解明する

シビれるゼ!
ヒットのコツ

「部屋干しトップ」(ライオン) 5

部屋でも干せる　部屋でこそ干せる

❶ 生活密着マーケティング

CMのように、庭の物干しにバーンと洗濯物を干すためには、庭のある家で生活しなきゃならない。だけど、都会の生活者のほとんどは部屋の中に洗濯物を干している。中にはベランダ干し禁止のマンションまである。そんな生活の実感から生まれた企画。普段から自分の生活の中で、ふとした疑問を持つことを忘れないからこそ生まれた企画で、生活密着型マーケティングの勝利といえる。

● 商品名：部屋干しトップ　● 発売元：ライオン㈱　● 発売時期：2001年10月　「部屋干し」用の洗濯洗剤。「ダブル分解酵素」がイヤなニオイの原因である汚れと菌に作用、特に部屋干し時に発生しがちなニオイを抑える。

❷ 昭和の常識を逆手に取る

高度成長期から始まった生活向上の流れの中で、商品企画も「早く」「手軽に」「多機能に」……と前へ進むことが当たり前だと思われていた。しかし、昔の常識は通用しないのが今の世の中。広々とした一軒家からマンション住まいへの移行は、便利になるばかりじゃない現代生活の進化と変化を如実に反映している。そんな生活事情の変化から生まれるニーズに気付くことが、ヒット企画の必要条件。

❸ ぶち壊すのは既成概念

従来「夜洗濯して、部屋で洗濯物を干すなんて後ろめたい」という既成概念があった。そこをぶち壊して、「あなたは悪くない」と開き直ったところから商品開発は始まった。マーケットに対して安心感を与えた、ともいえる。当たり前だとされていることを否定することから、何かが生まれてくる。そこから生まれた発想を忘れずにいれば、数年後に自分が正しかったと検証できるかもしれない。

おちコメント　人に恥ずかしくて言えないようなことを、堂々と言ってしまったことが、この企画の勝利で、ここにヒントがあるんだよね。

補章＿
企画にまつわる
etc. エトセトラ

これまでの章を実践したアナタは、
すでに企画立案者としての十分な資格を持っているといえます。
しかし、驚くほど奥が深いのが、企画の世界。そこには、
思いもよらないさらなる険しい道が待っているのです。
って、脅かすのもどうかと思いますが、でも、この章で触れられていることは、
実際とても高度な要求や考え方だと思います。
高度な技ほど、ハマったときの破壊力は抜群。
すでに企画立案者として仕事をしている人も、
これからの人も、ひとつの参考として、目を通してみてください。
大いに唸って、そして検討してみてください。

★の数は重要度を表しています（★★★・★★・★）

★★★ 背骨とカラーはこんなに大事

>>P.14 背骨

背骨を曲げて、目の前の要求に迎合したような企画を出し続けることは、想像以上に損をすることになります。もしそのやり方で成功し続けたとしても、いつか必ず「あいつは何をやりたいんだ？」と周りに思われてしまうことになるからです。企画を立案することのほかに、妙なところで自己主張を常にし続けなければならなくなるなんて、とても疲れるし不毛なことです。

敵を倒すためにころころと方法を変えていいのは、RPGだけです。サービスや肉付けや演出や、身にまとう服の色を変えるのは問題ではありません。でも、芯に何が通っているかが、とにかく大事なのです。

自分のカラーを出し続けていれば、パクられて出来上がった他人の企画ですら、あなたの作品だと思ってもらえるようになります。そうなったら勝ちなのです。

実際、そういうカラーをつくり上げるには、勇気が必要ではあります。早めに自分のカラーを決めて、そこから10年は何があってもやり続けないとダメですし、スタート時点でそのカラーの選択を間違ってしまうとアウトですし。

また、自分の背骨に、他人に言われてから気が付くのもアリです。「お前からガッツをなくしたら何が残るんだよ」と言われたとしたら、あなたのキャラはガッツ・キャラです。

気持ちが揺らいでも、自分のカラーが見えなくても、それでも歯を食いしばってふんばってみましょう。辛いですが、見返りはありますから。

★★★ それでも立ち向かわなければ

>>P.17「なにくそ!」のポジティブシンキング

長い企画人生、どうしてもクリアしなくてはいけない、シビアな命題を突きつけられることも、きっとあるでしょう。

テレビのゴールデンタイム番組なら、すなわち「幅広い視聴者層に受けなくてはダメ」という命題です。面白かった深夜番組が、ゴールデンに来たとたん、テイストが変わってしまったりするケースは、一部の層だけに向けて作っていた姿勢とこの命題とが葛藤しているからです。

『学校へ行こう!』は、子供たちの視聴率は抜群に高いのですが、M3、F3といった上の年齢層ではかなり低くなってしまっています。

しかし、そこでクサることなく、数字の底上げを考えるのが一流の企画立案者というモノ。なぜなら、ゆくゆくは、テレビでいえば「ゴールデンタイムで番組をオンエアする」という、檜舞台での活躍をすることが大前提だからです。

負けない。クサらない。そして、その先を考える姿勢が大事なのです。

★★★ 商品のせいなのか?

>>P.20 リスペクト

企画が煮詰まってくると「この企画が缶コーヒーじゃなかったら、もっといい企画ができるのに!」と、商品のせいにしたくなるものです。

では本当に、缶コーヒーの企画じゃなかったら、腰が抜けるほどに素晴らしい企画が立てられるのでしょうか？ そもそも、自分に120%ピッタリと合う、そんなジャンルが存在するのでしょうか？

そんなときはとりあえず、缶コーヒーをい

ったん横に置いて、クリエイター魂を存分に発揮できる他ジャンルの企画を考えてみましょう。その企画を持って会社を辞めたら、他社が部長待遇くらいで迎え入れてくれちゃうくらいの最上級企画を。

でも、そんな企画が一朝一夕に生まれるわけはないのです。ですからもう少し、自分が今関わっている缶コーヒーで、悩んでみましょう。煮詰まっているのは、環境のせいばかりではないのです。

★★ 事前に確認を

>>P.28 初期設定

企画立案の依頼を受けるとき、「これこれこんな感じでよろしくねー」などといった、ノリだけの漠然とした言葉で安請け合いしてはいけません。きっちりと細部にまでわたって確認と情報交換をしておくことが非常に重要です。そうしておかないと、最後の最後に「オレが求めてたの、このテイストじゃないんだよねー」のひと言で、やっぱりノリノリで却下されてしまいますから。

間違っても「基本はスタンダードで、でもちょっと斬新なテイストを入れて、さ」などという頭の悪いオーダーを受けてしまっては、絶対にダメです。どのくらいの割合でスタンダードの中に斬新さが入っていいモノか、6：4なのか8：2なのか。とにかく、細かく打ち合わせをしておかなければいけません。

企画の依頼主（クライアント）は“好き嫌いの激しい客”です。企画立案者というシェフとして、心して調理に臨むことが大事です。

★ 引っ越しもまた

>>P.29 6畳間の世界観

毎月の給料から余裕を持って払える家賃の部屋に住んでいると、そこが自分のサイズになってしまいます。無意識に、こんなもんでいいや、となってくるのです。ですから、給料ギリギリでもいいから、自分の身の丈のワンランク上の部屋に住むことが、自分の成長を促してくれるのです。精神的な意味も含めて、身体がその部屋に合ってくるのです。

「夢のために4畳半風呂なしで頑張る私」というスタンスは、一見正しく健全です。でも、あなたがなりたいのは、企画立案者。消費者として倹約している人と同じレベルでモノを見てはいけません。

★ ルール厳守

>>P.34 ルール

ルールは、企画の演出などにおいて効果的な縛りです。そして、企画の実行段階でルールを関係者に厳守させることは、受け手に対して安心感を与えます。そのルールが、企画の内容と密接になればなるほど、この安心感は強くなっていくのです。

例えばバラエティ番組で、ゲームなどの「ルール厳守」はとても大事です。それが番組における背骨だといえるでしょう。企画者として、そのルールが番組を面白くさせるために必要不可欠だと一度結論を出したら、決して例外はつくらないことが大事です。生放送などでミニ・ゲームがぐずぐずになっていってしまうのは、それは、この背骨が揺らいでしまっているから起きてしまう失敗なのです。

『自分電視台』では、登場する人がどんな

大物だろうと外国人だろうと、例えそれがミラ・ジョボヴィッチだとしても、自力で撮影させていました。『仕立屋工場』では、泣こうがわめこうが、試着は禁止でした。堂々とメインの出演者に「ルールですから」と言えなければ、番組は成り立たないですし、それは視聴者の期待を裏切ることにもなるのです。

そのためにも、ルールはしつこいほど、完璧に推敲する必要があります。

★ オファーされずとも

>>P.46 シミュレーション

企画は突然「やってみる？」と依頼されるモノです。ですから、発想力とともに、対応力が問われるのです。今何をやりたいのか、を常にストックとして持っておきましょう。

「こういうの、得意でしょ？」と、企画のジャンル自体を指定されるパターンがあります。これを「オファー仕事」といいます。確かに名指しで仕事が舞い込むのですから、名誉なことではあります。しかし、これはあなたの「過去の仕事」への評価でしかないのです。以前、似たような仕事をしていて、そのときの評価のついでに仕事が来ただけです。そんな依頼に甘んじていると、せっかく企画立案のできる立場にいながら、いつのまにかやらされ仕事の気分になってきてしまいます。それでは、元も子もありません。

ですから、常に「攻めの姿勢」で、やりたいモノを抱えておくようにしましょう。今までやってきたことの延長なんか、面白くも何ともないでしょう？ 誉められて嬉しいのは当然ですが、そこで止まってしまってはいけません。

★★ 定番って何だ?

>>P.68 振り幅

今では押しも押されもせぬ定番商品となった「カラオケボックス」。当初カラオケは「見知らぬ人同士のコミュニケーションツールだ」的な扱われ方をしていました。スナックなどで、マイクが回ってくるのがカラオケだと信じられていました。

しかし、誰かがそういう既成概念を打ち壊し、カラオケを個室に入れてしまったのです。今では信じられませんが、誰も「個室にこもってカラオケ」を思いついていなかったのです。

カラオケはそのスタイルが受け、大ヒットして、今では定番にまでなっています。

無意識に「常識」だと認識してしまっている事柄は何か。それをどういう方向に壊すのか。そこから定番は生まれるのです。

また、広く浸透した定番企画は、必ずパロディー化されます。どこかにパロディー化されるにふさわしいインパクトが存在しているからでしょう。ですから自分の企画がパロディー化されるとしたら、どの部分が使われるか、どこが印象的なのか、と逆算して考えることも、企画立案の際には有効です。

★ 常に心に危機感を

>>P.78 時流

一発当てさえすれば、意外と2年くらいは「できる人」「有能な人」として生きていけます。気持ちよくチヤホヤしてもらえます。でも、そこに危機感がなくて天狗になっちゃうと、途端に周りに人がいなくなってしまいます。

だから、企画が当たったときほど、現状に甘んじずに危機感を持って「次は何をしよう」と攻めの姿勢で常に考えなくてはいけないのです。

2年で消えてしまう人というのは、才能ではなくタイミングだけで勝負しているだけかもしれません。確かにそのときには切れ味があったのでしょうが、切れ味だけではない底力がある人だけが、次の一発をモノにできるのです。

★★ どこで止めるか

>>P.90 企画のブラッシュアップ

油絵と同じで、企画は「手を入れようとすればいくらでも入れられる」ものです。締め切りさえなければ、いくらでもこねくりまわしていられるものなのです。しかし、いろんな要素を入れすぎてやりすぎになってしまったあげく、何をしたいのかが分からなくなってしまう危険性も高いのです。

そういうときには「そもそも自分は何がやりたかったのか」という初期設定に戻ってみます。そして、どこで止めるかを見定めるためにも、最終的にどういう形でフィニッシュするかを最初に考えておく必要があるのです。

番組の効果を演出するはずのルールも、考えすぎると逆効果になってしまいます。『自分電視台』では編集できないように、14分の持ち時間を回しっぱなしで、というルールをつくってしまいそうになったのです。しかし、オンエア時間と撮影時間の両方を限定することに、何の意味もないことに気が付いて、止めたのだそうです。

14分の番組、という最初に考えた「最終的な形」に立ち返った、ということです。

★ 謙虚は美徳じゃない

>>P.95 他人を使って検証する

日本人は謙虚を美徳としている素晴らしい国民です。しかし、こと企画に関してだけは、その部分を封印してしまいましょう。つまり、自分が手がけた部分を確認し、同様に相手や仲間が手がけた部分を確認するのです。

企画というのは、無から有を生み出す、つまり0から1をつくり出す作業です。その作業には、膨大な労力が注がれますし、困難な道であることもご承知かと思います。そのステップに誰がどう関わったかは、やはりきちんとしておくべきことなのです。

そうして周りのスタッフと共に、お互いの手がけた部分を確認し合えれば、それがあなたの自信になり、さらなる企画への原動力になっていくことでしょう。

★★ マーケティングから生まれる企画

>>P.112 体温のないマーケティング

まずマーケティングありき、は企画としていかがなものか､と述べました。しかし、そういうマーケティング主導の企画を手掛けなくてはいけないシーンも、またやってくるかもしれません。

そんなときは、不利を逆手に取ってしまいましょう。

例えばテレビのバラエティ番組。分単位で視聴率の変わる「途中参加型の見方をされている」というマーケティングがあったとしましょう。そこから導き出されるのは、ふたつのポイントです。ひとつは「途中から見ても分かる企画」、もうひとつは「飽きて他のチャンネルに変えられないようにする企画」です。

この両方のポイントを押さえるひとつの

答えは、「ゴングショー」形式です。

テンポよく出場者が変われば、途中から見ても筋が分からなくなることはないし、多少つまらない出場者のシーンでも「次は面白いかも」と少しの我慢を期待できるというものです。

このように、先に存在するマーケティングの結果を「スタイル」として取り入れてしまうのです。

ただ、頭でっかちにマーケティング主導になってしまうと、そこに「ラーメンを混ぜればもっと視聴率上がるな」とかを考えてしまいます。そうすると、切れ味はなくなるし、二度目以降に繋がらなくなってしまいます。バランスが悪く、思いつきだけの一発企画になってしまうからです。マーケティングからは、スタイルを借りても方向性を借りてはいけません。

また、ストラップなどの携帯電話周辺のアイテムはすべて、携帯電話利用者のマーケットが「先にありき」の企画だと言えるでしょう。コンビニなどのレジ前商品も集客した後の展開ですから、パターンは同じです。このように、「他に利用者があり、マーケットとして流用できる形」で存在しているものを探すのも、手です。

見逃がすにはあまりにも大きなマーケットが、まだまだ存在しているはずです。

★体温を忘れないためには

>>P.115 体温のあるマーケティング

マーケティングの体温を忘れないためにはどうすればよいのでしょうか。それは、「人は必ず体温を忘れてしまう」という危機感を常に持つことです。

子供の頃、誰でも少しはイジメに遭ったことがあるはずです。しかし、大人になってから思い出してみればイジメに対して「まあ、あれも順番で回ってくるようなものだし、ちょっと我慢すればやり過ごせるよ」と、コトナカレになってしまうことも多いようです。

でも、これは子供の頃の体験から導き

出された「結論」を覚えているだけです。当事者だった頃の「痛み」といったリアルな感覚を忘れてしまっているのです。痛みの実際の大きさを忘れてしまうことは仕方がありません。しかし「痛かったんだ！」という、そこにあったナマの感情、つまり体温さえ忘れなければ、いいのです。

同じように、今見ても大したことのない映画でも、見た当時の衝撃の「大きさ」だけは忘れないようにしましょう。

★ ネタもとを隠す

>>P.134 ヒントの出し方

「あれ、パクリじゃん」と思われる、これは企画として最悪なことのひとつに違いありません。もしオリジナルの企画だったとしても、もとになったキーワードや出所などは、極力隠すようにしましょう。

そういうアイディアの出所やネタもとは、分からなければ分からないほど、魅力的に受け取ってもらえます。これは謎めいた異性が魅力的に見える心理と、まったく同じだといえるでしょう。「どこからこんな企画が思いつくんだろう？」と、受け手に感じさせることで、その企画への食いつきもよくなるのです。

インスパイアされたネタもとなどがあった場合、間違っても、似たようなタイトルやデザインは使用しないことも肝心です。今でこそ、リスペクトすることは文化として認知されていますが、詰めの甘い仕上がりや、中途半端な完成度だと、ただただ不格好なだけですから。逆に、そのリスペクトが成功して、出来上がったモノがオリジナルとまったくの別物であれば、ネタもとが存在しても、人は逆に納得して楽しんでくれます。

例えば『学校へ行こう！』の「未成年の主張」コーナー。おちまさとは野島ドラマ『未成年』で校舎の屋上から叫ぶというラストシーンの絵の力強さに参っていた。それをリアルでやってしまうという面白さだけを取り出して企画を立てたのです。しかし、ドラマのようにカッコイイ台詞はもちろんなく、お笑いにシフトしていく方向性を打ち出しました。リスペクト企画なので、タイトルにも未成年の文字を入れ、BGMにドラマと同じくカーペンターズを使う。取り出し方とその姿勢で、パクリとは一線を画することができたのです。

ちなみに、このコーナーは、見た人が野島ドラマがネタもとだったとは気が付かなかったそうです。まったくの別物だと思えるレベルまで、企画をシェイプをして提案するのも肝要です。

★★ こんがらがった紐《ひも》を解く快感

>>P.134 ヒントの出し方

こんがらがった紐を解くときに感じる快感、というモノがあります。知的好奇心と達成感が生み出す快感だといえます。

それは、クイズ番組などを思い出せば分かりやすいでしょう。テレビ草創期から絶えることなく続いているジャンルなのですから、それだけ普遍的な人気があるわけです。

あなたの着手しようとしている企画において「紐がちょっとずつ解けていく快感」を付加しようとするならば、そんなクイズ番組を見ながらストップウォッチ片手に計ってみてください。ヒントを露出するタイミング、紐が解ける瞬間、そして解けた後に次の紐にトライする動機づけをするタイミング。それらが、全体のどのくらいの割合のところで行われているか、実感できるはずです。

このコツをつかめば、受け手の快感すらも計算して企画に反映することができることでしょう。

隠されると見たくなる、という心理も、紐を解く快感の一種であるといえます。自力で習得すると楽しいパソコンの仕組みもそうですし、番組中の「ピー音」もそうです。「どうなってるんだ」という謎を興味の対象に与えることで、企画への着目度が上がってきます。

★★★ そもそも、を忘れると痴話げんかになる

>>P.149 シュミレーション

何かを決定する会議のはずだったのに、話し合いのための話し合いになってしまい、「そもそも何の話だったっけ？」となることが、企画会議ではたまにあります。

それでは痴話げんかと同じレベルなのです。けんかのきっかけを忘れて「お前のそういう言い方が」「あなた、こないだもそうだったけど」となってしまう、あの水掛け論です。

ネーミング決定の企画会議だったのに、検討しているうちに、決まっていた商品の発売自体を「見合わせようか？」になることだってあり得ます。

企画を成功させたければ、その回の会議をどこに落とし込みたいのかを、常に忘れないことが重要です。何のための会議だったかを常に念頭に置いて原点に戻ることができれば、冷静な企画者としての印象も与えられるハズです。

★★★ 対ボスキャラ攻略法

>>P.156 キャラをつかめば百人力

企画会議出席者の中で、最悪のボスキャラとは、どういう人でしょうか？ それは、「企画会議に来るまで何も考えてない人」という、どうにもならないキャラの人です。

本来なら、こういう人とは仕事を一緒にしないのがベストなのですが、そうもいかないことでしょう。もしも、そんなボスキャラに決定権があるのならば、多少回りくどくても、会議が長引いても、その人の思考ペースに合わせた企画説明をするしかありません。

★ はじまりは静かに

>>P.158 目線を下げさせる

早い時期にヒットを飛ばしたいと思うのは、人情です。企画者としてやっていく以上、それぐらいの意気込みは持っていたいものです。

しかし、それを前面に出して仕事をするのはいかがなものでしょうか？ 第5章でも述べましたが､周りからの目線は上げずに、少しでも下げておいたほうが、同情し、手助けしてくれる可能性が大きくなり、企画にとってもあなた自身にとっても、都合がいいことが多いのです。

ですから、いつかはど派手にやってやるぜ！ という大いなる夢を心に秘めながらも、企画者としては静かに始めていく。それが最終的に企画者として大成功するコツなのです。

★★ 自分のポジションと発言のタイミングを見極める

>>P.162 さりげないアピール　>>P.163 限られた時間内で印象づける

企画提案者でもなく、かといってジャッジを下す立場でもない……。そんなポジションで会議に出席したときこそ、あなたの腕の見せどころなのです。

切れ味の鋭い意見を、タイミングを見計らってズバッと発してみましょう。「今日一番の発言だったね」と、みんなの印象に残るようなひと言を発してみるのです。3時間の会議中、ただひと言だけを言うためにずーっと黙っていてもいいのです。

物語的流れである「企画」を発表する立場にないあなたにとって、ひと言のクオリティと発言のタイミングは、効果的な演出となります。

周りのみんなを舞台装置と考えるくらいの心構えでも、いいのです。

発言のタイミングが悪そうだなと判断したなら、自分の意見を飲み込むのも大事なことです。「ここで発言しても、その他大勢の意見にしかならないな」と思ったら、次のタイミングを待つことです。

会議が堂々巡りになって「もう、今日の結論は無理か」というあきらめムードの時に、ポンと意見を出すのです。その発言がツボにはまれば「ああ、それだ！」と、みんなが膝を打ちます。アナタが会議にオチをつけたということが、そのとき出席した全員に、強くアピールできるのです。

同じ意見でも、もめる直後にしゃべってしまったら、ただの意見のひとつにしかならないのです。しかし、みんなが無意識に救いを求めているようなタイミングで発言できれば、あなたの意見は大歓迎されることでしょう。

このようなタイミングを見極めるのも、企画者の腕の見せどころなのです。

★ 企画にダミーを！

>>P.166 最終奥義・おじさん殺し

同じテーマで3つ企画を出せるなら、そのうちひとつは「明日にでも実現可能」なモノを混ぜ込んで提出しましょう。もうひとつは「クライアントの要望にだけ沿った」モノを、そして最後に「自分のこだわりを前面に出した」モノを提出します。

本命のナンバー3が通らなくても、これから先、企画を出し続けることで「実現可能なモノを出す実力」と「突き抜けたアイディア」の両方を持つ人だと認識されるハズです。そのうち「こういう突拍子もない企画だけど、こいつなら実現しちゃうかも！」と周りの人たちに思ってもらえるようになるのです。

まずは、きちんと実力を見せることが大事です。

★★ つまらない自分ルールを壊す

>>P.168 緊張克服トレーニング

あなたには、無意識に持っている「つまらない自分ルール」があるハズです。カウンターの寿司屋は時価だからやめておこう、とか、そういう無意識の「身を守るブレーキ」です。

そんなルールをあえて壊して、一度ボロボロになってみるのも面白い体験です。緊張している自分の感情や、そのときの心拍数、勘定書に並んだ想像以上の0の数。どれもこれもリアルな体験になるのです。壊してみたら大したことなかった、ということもあるかもしれません。

おちまさとは、8年前、初めてカルティエに行ったとき、「なにくそ、負けるもんか」とわざとジャージで出かけたのだそうです。今ではちょっとやりすぎたかな、と思ってるそうですが、確かにジャージはいかがなものか、と思われますが。

おわりに

いかがでしたか？

本書は、掛け値なしに、本気で企画の真髄を伝えるべくつくられた教科書です。スタンスは「こう考えればこうなる」という、考え方の道筋を整えることを第一義にしたものです。「このテクニックでアナタも一流の企画マン！」とか、そういう嘘くさいあおりは、まったく考えていないのです。

ですから、ところどころ、理解しにくい部分があるかもしれません。しかしそれは、今まで思いもつかなかった思考方法に、あなたが少しとまどっているだけなのです。

あちこち飛んだりする本書の思考ルートを整理し、本書独特の言い回しを自分なりに噛みくだいて、是非「企画立案のための考え方の道筋」を自分のモノにしてください。それさえできれば、必ずあなたも企画のスペシャリストになれるはずです。そういう自負のもと、この教科書を作成しました。

「つくる会」では、本書の作成中に、いくつかの発見をしました。そのひとつは、本書が「企画だけではなく、人生のさまざまな局面にも対応している」ということです。目線を下げる、優先順位をつける、初期設定に立ち返る……、これらはすべて、現代人の生きざま（大げさ！）にも共通していることなのです。

そしてもうひとつ気が付いたこと。それは、プロデュースをしたおちまさとが、ここまで手の内を明かしてしまって後で後悔しないかな、ということです。確実にライバルを増やしてしまっているような気も、しないではないのですが……？

「おちまさとプロデュース　企画の教科書」をつくる会

「おちまさとプロデュース　企画の教科書」をつくる会

おちまさと

1965年12月23日生まれ。東京都出身。現在まで数多くのテレビ番組を手がける。
また、ドラマの脚本、音楽プロデュース、作詞、テレビ・ラジオの司会、CM監督、
服飾・メガネデザイン、本の執筆等、多方面において活躍。
現在、BS日テレ『BSイレブンPM』（毎週月曜23:00〜）の司会や、
TOKYO FM『アクセス・オール・エリア』（毎週日曜15:00〜）のパーソナリティを務める。

構成・執筆　ロイ渡辺
編集協力　本橋 丈／谷口素子
ブックデザイン　佐々木健治（yahhos）
デザイン協力　渡辺克子
イラスト　五月女ケイ子
校正　久保田和津子

協力　デンナーシステムズ、ケイマックス、TBS、フジテレビ

おちまさとプロデュース
企画の教科書
2003（平成15）年5月25日　第1刷発行
2004（平成16）年2月10日　第5刷発行

編者　「おちまさとプロデュース　企画の教科書」をつくる会　©2003　Masato Ochi

発行者　松尾 武

発行所　日本放送出版協会
〒150-8081　東京都渋谷区宇田川町41-1
電話03-3780-3327（編集）　03-3780-3339（販売）　http://www.nhk-book.co.jp
振替　00110-1-49701
印刷　太平印刷／近代美術
製本　笠原製本

Printed in Japan ISBN4-14-080782-2　C0034